WC HUMOR

Witzig • treffsicher • inspirierend

WC HUMOR

Witzig • treffsicher • inspirierend

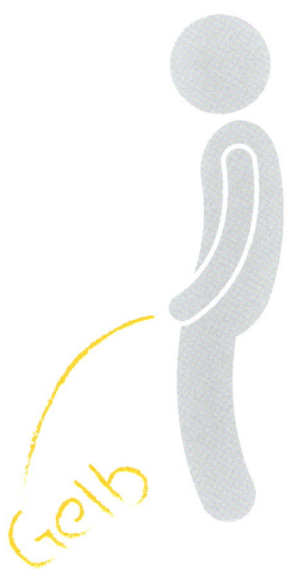

Gelb

EDITION XXL

Einleitung

Diejenigen, welche die Qualität meines Schreibstils und meiner bisherigen Bücher kennen, wissen, dass ich die erste Wahl bin für ein Buch über Toiletten und alles, was damit zusammenhängt. Insofern bin ich stolz, dass ich den Auftrag erhalten habe, dieses Buch zu schreiben. Allerdings war die Aussicht, 30 000 Wörter zum Thema Toilette abgeben zu müssen, beängstigend – quasi eine Dissertation über die Welt der Abflussrohre und Fäkalien.

So machte ich mich mit einem gewissen Unbehagen an die Recherche. Doch schnell erkannte ich, dass das Thema ebenso faszinierend wie abstoßend ist. Und so tauchte ich binnen Kurzem komplett in die Toilette ein, begann mich sogar in sie zu verlieben.

Je tiefer ich vordrang, desto größer wurde die Faszination. Schließlich heißt es, dass der Zivilisationsprozess nicht mit der Erfindung des Rades begann, sondern mit der der Toilette. Denn dank ihr konnten sich die Menschen endlich niederlassen und sich um die Entwicklung von Dingen wie das Rad kümmern, statt auf der Suche nach einem Ort für die Verrichtung ihrer Notdurft ständig umherzuirren. Die Wichtigkeit der Toilette zeigt sich auch darin, dass wir über 50 verschiedene Begriffe – darunter einige höchst amüsante – für das Ausscheiden von Kot haben.

Wir verbringen durchschnittlich drei Jahre unseres Lebens auf der Toilette (wenn Sie an Verstopfung leiden, sogar noch mehr). Diese wenigen Quadratmeter sind ein Ort der Geburt und des Todes. So starben zahlreiche Staatsmänner, gekrönte Häupter und Prominente, unter ihnen Judy Garland, Lenny Bruce und Elvis Presley, mit heruntergelassenen Hosen (auch wenn ich mir bei Judy Garland nicht sicher bin, ob sie überhaupt Hosen getragen hat).

Im Laufe meiner Studien stieß ich auf zahllose interessante (aber vollkommen unnütze) Fakten wie die Tatsache, dass nur das Reden in der Öffentlichkeit mehr gefürchtet wird als das öffentliche Urinieren, dass die Wahrscheinlichkeit, sich auf einer Toilette zu verletzen, bei 1:10 000 liegt, und dass die meisten Toiletten in der Tonart E-Dur spülen.

Doch bevor Sie sich gleich auf eine faszinierende Entdeckungsreise in die Welt des Klos begeben, lassen Sie mich Ihnen noch den Gedanken eines weisen alten Mannes aus China mit auf den Weg geben, dem ich im Rahmen meiner Recherchen für dieses Buch begegnet bin:

„Möge dein Leben wie
        Toilettenpapier sein – lang und nützlich."

Ihr
Mark Leigh

> **Furzen** ist für das Wohlbefinden **unabdingbar**.

Hippokrates
Arzt des Altertums (460–370 v. Chr.)

Toiletten-Humor 1

Eine Patientin beklagt sich bitterlich über ihre angeblich zu kleinen Brüste.

Der Schönheitschirurg mustert diese eingehend und meint schließlich:
„In Ihrem Fall hilft höchstens ein altes Hausmittel: Nehmen Sie dreimal am Tag etwas Toilettenpapier und reiben Sie damit zwischen Ihren Brüsten."

Darauf die Patientin ungläubig:
„Und Sie meinen wirklich, das hilft?"

Entgegnet der Arzt:
„Bei Ihrem Hintern hat es ja auch funktioniert …"

Die Geschichte des Klopapiers

Vor dem uns bekannten weichen, perforierten Klopapier auf Rollen kamen zahlreiche andere Materialien zum Einsatz.

Griechen der Antike: flache Steine
Römer der Antike: ein mit Salzwasser getränkter Schwamm, der an einem Stock befestigt war (Römer, die es sich leisten konnten, verwendeten stattdessen Wolle und Rosenwasser)
Arabische Nomaden und andere Wüstenbewohner: Sand
Einfache Bürger des Mittelalters: Stroh, Heu oder Gras
Adelige des Mittelalters: Wolle oder Hanf
Frühe amerikanische Siedler: Lumpen, Zeitungspapier, Maiskolben oder Blätter
Kanadische Ureinwohner: Schnee, Moos
Mittelalterliche Mönche: Tonscherben
Am Hofe Königs Ludwig XIV.: Spitze

i Hätten Sie's gewusst?

Psycho war der erste Studiofilm, in dem eine Toilette während des Spülvorgangs zu sehen (und zu hören) war, was beim amerikanischen Publikum für eine Welle der Empörung und zahlreiche Beschwerden sorgte.

Wahr oder falsch?

1 Während der Operation „Desert Storm" im Jahr 1991 schaffte es das amerikanische Militär nicht, rechtzeitig alle Panzer zu tarnen, bevor diese in die Wüste verlegt wurden. Deshalb wurden sie mit Klopapier umwickelt.

2 In Japan gibt es essbares Klopapier. Es ist in drei Geschmacksrichtungen erhältlich.

3 Der Sultan von Brunei besitzt eine vergoldete Toilette. Gespült wird mit Mineralwasser.

4 In öffentlichen Toiletten wird blaues Licht installiert, um den Drogenkonsum einzudämmen. Denn so lassen sich die Venen schwerer finden.

5 Als die amerikanischen Ureinwohner das erste Mal eine Toilette sahen, nannten sie diese den „Porzellanthron des großen weißen Gottes".

6 Die amerikanische Bauernzeitung „Old Farmer's Almanac" wurde zeitweise mit einer Lochung versehen, um sie auf dem Abort aufzuhängen.

7 In Nordkorea wird Furzen in der Öffentlichkeit mit einem Bußgeld in Höhe von umgerechnet 300 Euro geahndet.

8 Ende des 18. Jahrhunderts waren Toiletten unter den Maoris weiter verbreitet als im damaligen London.

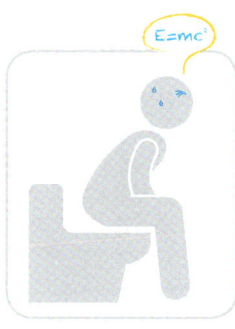

9 Albert Einstein entwickelte seine Relativitätstheorie, während er auf der Toilette saß.

10 Ein Juwelier in Hongkong hat seine Toilette mit 24-karätigem Gold vergolden lassen. Ihr Wert beträgt knapp 4 Millionen Euro.

11 Nach seinem Selbstmord wurde Hitlers Kot von US-Soldaten aus dessen Berliner Bunker geborgen und in einem Kuriositätenmuseum in New Jersey ausgestellt, bis er bei einem Brand vernichtet wurde.

12 Im Krieg ist es eine beliebte Taktik der sich aus einer Stadt zurückziehenden Truppen, die Toiletten zu zerstören, um den vorrückenden Feind zu demoralisieren.

13 Bei den Yanomami, einem südamerikanischen Indianerstamm, ist Furzen eine Form der Begrüßung.

14 Die Toilette in Prinz Philips privatem Badezimmer auf Schloss Sandringham spielt beim Anheben des Klodeckels die ersten Takte von „God save the Queen".

15 In Japan wurde eine Maschine entwickelt, die aus gebrauchtem Kopierpapier Klopapierrollen herstellt.

16 Toilettenpapierrollen wurden im kriegsgeschundenen Mogadischu als Ersatzwährung verwendet.

Die Auflösungen finden Sie auf Seite 176.

Kein gelber Schnee mehr

Europas höchste Toiletten wurden auf dem Gipfel des französischen Montblanc in 4260 Meter Höhe aufgestellt. Das war nach Meinung von Jean-Marc Peillex, Bürgermeister der Alpen-Gemeinde Saint-Gervais-les-Bains, auch dringend nötig. Denn bei mehr als 30 000 Gipfelbesuchern pro Jahr verunstalteten zahlreiche gelbe und braune Flecken den ewigen Schnee des Gipfels.

Die beiden Toiletten wurden mit dem Helikopter zu ihrem Zielort transportiert und auf demselben Weg werden am Ende des Sommers auch die Fäkalien entsorgt.

> „Tritt an einem heißen Tag
> niemals gegen einen frischen Haufen."

Harry S. Truman
Präsident der USA (1884–1972)

Das Tabu-Wort

Die Israeliten der Antike bezeichneten die Toilette als Haus der Ehre, während die alten Ägypter sie Haus des Morgens nannten. Aber auch im Deutschen finden sich im Laufe der Geschichte diverse kuriose Bezeichnungen. Während man in mittelalterlichen Klöstern noch von einem Necessarium („es ist notwendig") sprach, nutzten vor allem Soldaten den Donnerbalken (eine im Freien ausgehobene Sickergrube, über der in passender Höhe ein Holzbalken als Sitzgelegenheit angebracht wurde).

Das stille Örtchen und das heimliche Gemach sind ebenso wie der heute gebräuchliche Begriff der Toilette Euphemismen, welche die wahre Funktion dieses Raumes verschleiern und beschönigen sollen. Denn bis zu Beginn des 19. Jahrhunderts verstand man unter der Toilette den Vorgang des Waschens und Ankleidens …

Das ist ekelig!

Im Notfall (und gemeint ist ein echter Notfall) kann Urin als Abführmittel verwendet werden. Auf nüchternen Magen getrunken, ruft er Durchfall hervor.

Spiel & Spaß: Toiletten-Sudoku

	2		7		9		4	
	9	7				6	5	
1								2
			4	2	8			
	3		1		6		8	
			9	5	3			
9								4
	7	4				8	1	
	6		2		7		9	

Die Auflösungen finden Sie auf Seite 176.

Eine Mahnung der besonderen Art

Während manche Mitmenschen mit selbst gebastelten Holz- oder Pappschildchen an Hundebesitzer appellieren, die Hinterlassenschaften ihrer vierbeinigen Lieblinge nicht auf Gehwegen oder in fremden Gärten liegen zu lassen, schuf der in Chicago beheimatete Künstler Jerzy S. Kenar eine Mahnung der besonderen Art – nämlich in Form eines Springbrunnens, den ein überdimensionaler Hundehaufen aus Bronze ziert.

i

Hätten Sie's gewusst?
Im Durchschnitt verbringen Männer mehr Zeit auf der Toilette als Frauen, da sie eher dazu neigen, auf dem Klo zu lesen.

Toiletten-Humor

Ein Professor und ein Student stehen nebeneinander auf der Herrentoilette.

Meint der Student:
„Das ist ja schön, dass wir uns einmal nicht als Professor und Student begegnen, sondern als ebenbürtige Männer."

Entgegnet der Professor augenzwinkernd:
„Ich fürchte nur, dass Sie auch dieses Mal den Kürzeren gezogen haben."

Geld stinkt nicht

Dieser Ausspruch geht zurück auf den römischen Kaiser Vespasian, der von 69–79 n. Chr. regierte. Um den angeschlagenen Staatshaushalt zu sanieren, führte er eine Steuer für öffentliche Latrinen ein (der Urin wurde damals gesammelt und an Gerber und Wäscher verkauft), was seinem Sohn Titus im wahrsten Sinne des Wortes anrüchig erschien. Daraufhin soll der Kaiser ihm einige der aus dieser Steuer vereinnahmten Münzen unter die Nase gehalten und ihn gefragt haben, ob diese stinken – was der Gefragte natürlich verneinen musste.

Gefährliches Örtchen

Susanna Jacoba de Beer aus Südafrika verklagte das südafrikanische Verteidigungsministerium erfolgreich auf Schmerzensgeld in Höhe von umgerechnet knapp 10 000 Euro. Als sie ihren Mann, einen Veteranen, im Militärkrankenhaus von Pretoria besuchte, benutzte sie die dortige Toilette, die unter ihr zusammenbrach. Bei Gericht gab sie zu Protokoll, dass die Kloschüssel, nur wenige Sekunden nachdem sie sich daraufgesetzt hatte, zersprang und sie in den Scherben landete – was zu bleibenden Narben führte.

Statistisch betrachtet

Gemäß einer von einem amerikanischen Hygienear-tikelhersteller in Auftrag gegebenen Studie besteht ein Zusammenhang zwischen der Angewohnheit, auf dem Klo zu lesen, und dem Bildungsgrad. So liegt der Anteil der Toiletten-Leser bei Menschen mit einem weiterführenden Schulabschluss bei 50 Prozent, während 56 Prozent der Hochschulabsolventen und 67 Prozent der Träger eines akademischen Titels eine gute Klolektüre zu schätzen wissen.

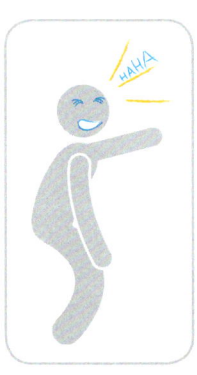

Toiletten-Humor

„Klaus, kannst du uns einen Beispiel-satz mit dem Wort ‚definitiv' sagen?", fordert die Lehrerin den Schüler auf.

Dieser läuft rot an und fragt:
„Sind Fürze eigentlich nass und weich?"

„Nein", erwidert die Lehrerin verdutzt.

„Dann", erklärt Klaus kleinlaut,
„habe ich gerade definitiv in die Hose gemacht."

Apollinaris war hier

Das vermutlich älteste Klo-Graffiti wurde auf der Wand einer Latrine der antiken Stadt Herculaneum (die 79 n. Chr. bei einem Ausbruch des Vesuv zerstört wurde) gefunden. Es lautet: „Apollinaris medicus Titi imperatoris hic cacavit bene", was so viel heißt wie: „Apollinaris, Arzt des Kaisers Titus, hat hier gut gekackt."

Toiletten-Gesang

Auf den Wänden der primitiven Toiletten in koreanischen Klöstern finden sich häufig Mantras. Das folgende soll beim Betreten des „stillen Örtchens" gesungen werden: *„Ausscheiden und immer wieder ausscheiden birgt solche Freude. Möge ich die drei Gifte Habgier, Zorn und Dummheit auf die gleiche Weise ausscheiden, sodass ich augenblicklich frei von jedem Fehlverhalten werde."* Sagen Sie diesen Vers dreimal hintereinander auf.

Royaler Besuch

Als Queen Victoria die Universität Cambridge besuchte, wurden die örtlichen Abwässer noch direkt in den Fluss Cam geleitet. Als sie sich bei einem Rundgang erkundigte, was das für Zettel im Fluss seien, war es den Würdenträgern der Universität unangenehm, zuzugeben, dass es sich dabei um Toilettenpapier handelte. Deshalb antworteten sie: *„Sie weisen darauf hin, dass das Baden verboten ist."*

> **Arbeite** hart, **vertraue** auf Gott und sorge für eine gute **Verdauung**.
>
> *Oliver Cromwell*
> Lordprotektor von England (1599–1658)

Geheimsache Stuhlgang

Die Mitglieder der britischen Spezialeinheit SAS defäkieren in Plastikbeutel, die sie versiegeln und mit sich führen, bis sie den Kot sicher entsorgen können. Dadurch soll vermieden werden, dass der Feind herausfindet, was die Soldaten gegessen haben, und so Rückschlüsse ziehen kann, woher diese gekommen sind.

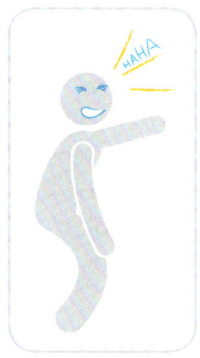

Toiletten-Humor 4

Eine alte Frau benutzt den Aufzug in einem Kaufhaus. Mit ihr im Lift befinden sich drei junge, attraktive, sehr modisch gekleidete Frauen. Alle drei mustern die Alte herablassend, als die Erste einen Flakon hervorholt und sich mit Parfüm besprüht. Arrogant bemerkt sie:
„Bulgari Eau de Parfum, 100 ml für 60 Euro."

Die Zweite holt ebenfalls ihr Parfüm hervor und besprüht sich damit:
„Notorious von Ralph Lauren, 100 ml für 100 Euro."

Die Dritte tut es den beiden gleich:
„Chanel No. 5, 100 ml für 150 Euro."

Kurz bevor die alte Frau den Lift verlässt, hebt sie das Bein an, furzt und meint:
„Kohl, das Kilo 80 Cent."

Ein besonderer Tag

Am 19. November ist Welttoilettentag. Was auf den ersten Blick skurril anmutet, hat jedoch einen ernsten Hintergrund: Er soll daran erinnern, dass mehr als 40 Prozent der Weltbevölkerung keinen Zugang zu ausreichend hygienischen Sanitäreinrichtungen haben.

Ehre, wem Ehre gebührt

Das Wasserklosett wurde nicht, wie häufig angenommen, von Thomas Crapper erfunden, sondern von Sir John Harington, einem visionären Adligen und Patenkind von Königin Elisabeth I. – und das bereits im Jahr 1596 (manche Quellen nennen auch das Jahr 1592), also lange bevor Crapper überhaupt geboren wurde. Allerdings gelang es ihm weder, seine Auftraggeberin, die Königin, noch die einfachen Bürger von seiner Erfindung zu überzeugen, sodass sie in Vergessenheit geriet, bis der Uhrmacher und Mechaniker Alexander Cumming schließlich 1775 das Patent darauf anmeldete (ihm verdanken wir auch die Erfindung des Siphons).

Der bereits genannte Thomas Crapper (1836–1910) war ein erfolgreicher Londoner Klempner, der viel für die Verbreitung des Wasserklosetts getan und es technisch verbessert hat. Die Ehre für die Erfindung gebührt ihm aber nicht.

Das Klo aus Porzellan entwickelte übrigens der englische Töpfer Thomas William Twyford im Jahr 1870.

Toiletten-Humor

Warum gibt es in katholischen Kirchen keine Toiletten?

Damit die Gläubigen nicht austreten können.

Die richtige Wortwahl

Sind Sie jemals bei der Queen zu Gast und verspüren das Bedürfnis, eine Toilette aufzusuchen, kommt es auf die richtige Wortwahl an. Andernfalls geht es Ihnen wie Carol Middelton, der Mutter der Herzogin von Cambridge, die – einem Artikel der britischen Tageszeitung *The Independent* zufolge – von einem royalen Insider als aufdringliche Angehörige der Mittelschicht beschrieben wird, die sich nicht zu benehmen weiß.

Der Grund für diese harschen Worte? Sie verwendete den Begriff „toilet", während die angemessene Bezeichnung in diesen Kreisen „lavatory" oder „loo" lautet. Selbst „bog" wäre noch akzeptabel gewesen, aber keinesfalls „toilet".

Hätten Sie's gewusst?

Bereits im 5. Jahrhundert beschrieb der heilige Augustinus die Fähigkeit des Menschen, seine Darmwinde zu kontrollieren und diese zu Unterhaltungszwecken einzusetzen. In seinem Buch „Die Stadt Gottes" erwähnt er Männer, die eine derartige Kontrolle über ihren Darm haben, dass sie nach Belieben furzen und auf diese Weise musizieren können.

Toiletten-Musik

Wählen Sie doch einmal eines dieser Stücke als musikalische Untermalung für ihr „Geschäft".

Anyway The Wind Blows – Sara Bareilles
Are You Sitting Comfortably? – The Moody Blues
Beautiful Noise – Neil Diamond
Big Log – Robert Plant
Blowin' In The Wind – Bob Dylan
Both Ends Burning – Roxy Music
Burning Hell – Tom Jones
Candle In The Wind – Elton John
Don't Force It – The Juice
Don't Stand So Close To Me – The Police
Drop It Like It's Hot – Snoop Dogg
Easy Does It – Supertramp
Four Strong Winds – Neil Young
Funky Shit – The Prodigy
In The Air Tonight – Phil Collins
I Smell Trouble – Buddy Guy
Let It All Blow – Dazz Band
Let's Get It Started – The Black Eyed Peas
Push It – Salt-N-Pepa
Relax – Frankie Goes To Hollywood
Ride Like The Wind – Christopher Cross
Ring Of Fire – Johnny Cash
Roll With It – Oasis
Sit And Wonder – The Verve

Sitting, Waiting, Wishing – Jack Johnson
Something In The Air – Thunderclap Newman
Something's Burning – The Stone Roses
Stuck – Limp Bizkit
Stuck In The Middle – Mika
Stuck Like Glue – Sugarland
Stuck On You – Lionel Richie
Taking Care of Business – Bachman Turner Overdrive
The Air That I Breathe – The Hollies
There She Goes – The La's
The Wind – Cat Stevens
That Smell – Lynyrd Skynyrd
Waiting For The Miracle – Leonard Cohen
Way Down In The Hole – Tom Waits
We Gotta Get Out Of This Place – The Animals
We've Only Just Begun – The Carpenters
Wild Is The Wind – David Bowie
Wind Beneath My Wings – Bette Midler
Wind Of Change – The Scorpions
Wipe Out – The Surfaris
Yellow River – Christie

„Sie hören sich an wie ein
Kacke-Verkäufer mit
dem Mund voller **Muster.**"

Anonymus

Wenn's mal wieder flüssig ist

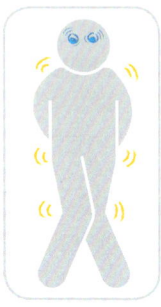 Als Durchfall, medizinisch auch Diarrhö genannt, wird ungeformter, breiiger oder wässriger Stuhl bezeichnet, der bei Erwachsenen mehr als dreimal am Tag auftritt. Umgangssprachlich wird dieser häufig als flotter Heinrich, Flitzekacke oder Dünnpfiff bezeichnet. Selbstverständlich kennt der Volksmund aber noch weitere kreative Varianten:

- Darmbrüllen
- Analexplosion
- Montezumas Rache (bei Auftreten während des Mittel- und Südamerikaurlaubs, bei Ägyptenreisenden auch als Pharaos Rache bekannt)
- Kachelinferno
- Dickdarm-Disko
- Kimmenflimmern
- Grand malheur de kack
- Sturzstuhl
- Splatterschiss
- Mastdarmschnattern
- Analhusten
- Darmalarm
- Toiletten-Chaostage
- Rektalflackern
- Rosettenfauchen
- Kloschüsselsprenger
- Spontaner Rektalerguss
- Arschfasching

Weit aufmachen!

Matthew Walton, ein Zahnarzt aus dem britischen Shrewsbury, darf seinen Beruf nicht mehr ausüben, weil sich Patienten und Mitarbeiter beim zuständigen General Dental Council darüber beschwert hatten, dass er in ihrer Anwesenheit furze. Eine seiner Arzthelferinnen sagte im Rahmen der Anhörung, dass sie ihn mehrfach gebeten habe, dies zu unterlassen: *„Es war furchtbar! Die gesamte Praxis stank und uns wurde übel."*

Walton gab zu, dass er unter unkontrollierten Flatulenzen leide und ein Kollege sogar schon versucht habe, den Geruch mit Raumspray zu überdecken. Daraufhin entschied die Behörde, ihm „zum Schutz der Öffentlichkeit" mit sofortiger Wirkung die Zulassung zu entziehen. Ob der Arzt Berufung eingelegt hat, ist nicht bekannt.

Unendliche Weiten

„Am Rande des Universums" ist der einzige Film aus der Star-Trek-Reihe, in dem eine Toilette an Bord der Enterprise zu sehen ist, zusammen mit dem Hinweisschild „Do not use while in Space Dock".

Die Tatsache, dass in den technischen Handbüchern über die Enterprise die Badezimmer fehlen, ist ein Dauerwitz. Er begann damit, dass in den ursprünglichen Plänen die Toiletten weggelassen wurden – worauf übrigens in dem Film „Der erste Kontakt" in einem der Dialoge Bezug genommen wird.

Unterwegs auf der Schiene

Die frühen Personenzüge hatten keinerlei Toiletten an Bord, sodass die Passagiere die Bahnhofstoiletten während eines Halts aufsuchen und dort schnell ihre Notdurft verrichten mussten, bevor der Zug weiterfuhr. Später wurden Fallrohrtoiletten in die Züge eingebaut, wobei die Fäkalien während der Fahrt direkt ins Freie befördert werden – was sehr unschöne Auswirkungen auf die Umwelt zur Folge haben kann, zum Beispiel bei der Fahrt über eine Brücke. Und auch wenn die heutigen Züge größtenteils über ein geschlossenes Toilettensystem verfügen, bei denen das Abwasser in einem Tank gesammelt wird, sind europaweit noch immer einige Fallrohrtoiletten in Betrieb.

So wie wir es mögen

Die Deutschen verbrauchen durchschnittlich 46 Rollen Klopapier pro Jahr und Person. Dabei können sie zwischen mehr als 80 Sorten wählen, wobei mehrlagige Tissuepapiere am häufigsten gekauft werden.

Das Farbspektrum bewegt sich überwiegend zwischen Weiß und Grau oder Beige, aber auch Pastelltöne sind zu finden. Beliebt sind Streumuster (aus nachvollziehbaren Gründen finden Streifen- und Pünktchenmuster nur wenig Anklang) sowie Tier- und Blumenmotive. Zunehmend werden auch parfümierte Papiere angeboten.

Das Format eines einzelnen Blattes beträgt – wie in vielen anderen europäischen Ländern – ca. 100 x 140 mm. Die Engländer hingegen bevorzugen ein mit 115 x 135 mm etwas breiteres Format, während in Thailand mit 115 x 102 mm das Querformat vorherrscht.

i Hätten Sie's gewusst?

Kleine „Zielhilfen" in Urinalen wie ein aufgeklebter beziehungsweise aufgedruckter Smiley oder eine Fliege verringern fehlgeleitete Urinspritzer um bis zu 80 Prozent und sorgen so für deutlich mehr Sauberkeit auf Toiletten. Ebenfalls sehr beliebt ist der Pinkelkicker, bei dem ein an einem kleinen Tor befestigter Ball mittels des Urinstrahls in selbiges befördert werden muss.

Royale Toiletten-Tode

- 💩 Edmund II. von England starb im Jahr 1016 angeblich an einer Stichverletzung, die ihm auf dem königlichen Plumpsklo beigebracht wurde.
- 💩 König Eduard II. trat 1327 auf Berkeley Castle aus dem Leben. Ihm wurde eine glühende Eisenstange in den After getrieben.
- 💩 Der römische Kaiser Vespasian verschied auf seinen Nachttopf. Seine letzten Worte waren: „Vae, puto deus fio." („Oh weh, ich werde ein Gott.")
- 💩 König Wenzel III. von Böhmen wurde 1306 auf der Toilette sitzend mit einem Speer ermordet.
- 💩 König Georg II. von Großbritannien starb an einem Aneurysma, während er gerade seine Notdurft verrichtete.
- 💩 Zarin Katharina die Große erlag 1796 einem Schlaganfall, den sie auf der Toilette erlitt.

Ein tierisch großer Haufen

Vergleicht man die bei einer Entleerung ausgeschiedene Kotmenge, liegen bei den an Land lebenden Tieren die Elefanten vorn. Sie nehmen täglich 150 bis 170 Kilo Nahrung auf, wovon sie rund 60 Prozent wieder ausscheiden.

Bezieht man jedoch die Wassertiere mit ein, gebührt die Krone für den größten Haufen unangefochten dem Blauwal. Die von ihm produzierten Kotrollen sind bis zu 25 Zentimeter dick und mehrere Meter lang. Sie lösen sich im Wasser schnell in einer rosa- bis orangefarbenen Fäkalienwolke auf. Die ungewöhnliche Färbung des Kots beruht auf der großen Menge an Krustentieren, von denen die Wale sich ernähren.

Zum Vergleich: Beim Menschen beträgt die pro Stuhlgang ausgeschiedene Kotmenge je nach Ernährung zwischen 100 und 350 Gramm.

i

Hätten Sie's gewusst?

Den ehemaligen Hausangestellten von Diana Ross zufolge gehörte es zu ihren Pflichten, die Toilettenspülung für die Musik-Diva zu betätigen.

Wände sprechen Bände

Eine Auswahl kreativer Klosprüche:

- 💩 Willst du einmal richtig kacken, leg die Hände in den Nacken, die Ellenbogen auf die Knie, dann kannst du scheißen wie noch nie.
- 💩 Wie auf dem Stuhl der Götter setz dich auf dies Geschirr und lass den Sturm, das Donnerwetter laut krachen unter dir.
- 💩 Verehrte Herren und Damen, scheißt nicht auf den Rahmen, sondern in die Mitte, das ist bei uns so Sitte.
- 💩 Liebe geht durch den Magen, Pils durch die Blase.
- 💩 Anschiss ist die beste Verteidigung.
- 💩 Tritt näher, er ist kürzer, als du denkst.
- 💩 Morgenschiss hat Gold im Mund, doch später ist es auch gesund.
- 💩 Hier bleibt keine Hose trocken.
- 💩 Es sagt der Sohn zum Pharao, komm, wir gehen aufs Damenklo.
- 💩 Ich kam, sah und zog den Schwanz ein.
- 💩 Hast du im Leben nichts zu lachen, lass es auf dem Lokus krachen.
- 💩 Der letzte Tropfen fällt nicht weit vom Stamm.
- 💩 Gut Dung will Weile haben.
- 💩 Das treibt mich noch in den Urin!
- 💩 Lasse stets beim Pinkeln einen Furz, sonst denkt der Arsch, er kommt zu kurz.

- Wenn einer auf dem Lokus sitzt, kann er was erzählen.
- Salomo der Weise spricht: Laute Fürze stinken nicht, aber die so leise zischen und so still dem Arsch entwischen, Mensch, vor denen hüte dich, denn die stinken fürchterlich.
- Such nicht nach Witzen an der Wand, den größten hältst du in der Hand.
- Ich stinke, also bin ich.
- Am besten du die Zeitung liest dort wo du an der Leitung ziehst.
- Männer mit Niveau sitzen auf dem Klo.
- In fünf Minuten wird geschissen, ansonsten wirst du rausgeschmissen.
- Atmen durch den Hintermund hält Leib und Seele gesund.
- Und so was will ein feiner Pinkler sein.
- Hier auf diesem stillen Ort gibt es Dilettanten – Künstler kacken in das Loch, Stümper auf die Kanten.
- Gäste werden auf dem Klo nicht alt, lässt man es dunkel und auch kalt.

- Ist der Juli warm und heiß, am liebsten ich im Freien scheiß.
- So wie die Alten sungen, so furzen auch die Jungen.
- Steter Tropfen nässt das Bein.
- Hinterlässt du Spuren deiner Würste, sei so nett, benutz die Bürste.

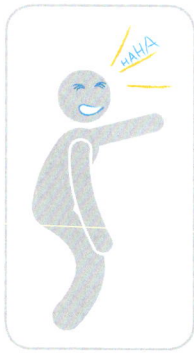

Toiletten-Humor

Erkundigt sich der neue Internatsschüler besorgt bei einem seiner Klassenkameraden:

„Hast du schon von dem Gerücht gehört, ich sei Bettnässer?"

Entgegnet der Gefragte:

„Nein, bis zu mir ist noch nichts durchgesickert."

Ein echter Hit

In den Liedern des auch als Elton John von Mosambik bekannten Rockstars Feliciano dos Santos geht es vor allem um zwei Dinge: Toiletten und sauberes Wasser. Da er als Kind selbst an Polio erkrankte, weil es in dem Dorf, in dem er aufwuchs, nur unzureichende sanitäre Anlagen gab, hat er sich zur Aufgabe gemacht, ein öffentliches Bewusstsein für das Thema Hygiene zu schaffen.

Feliciano und seine Band touren durch die Dörfer Mosambiks und verbreiten so ihr Anliegen. Einer ihrer bekanntesten Titel ist „Wash Your Hands".

Was unser Klopapier über uns verrät

Dr. Gilda Carle, eine renommierte Psychotherapeutin und Beraterin des Toilettenpapierherstellers Cotonelle, leitet aus der Art und Weise, wie Sie Ihr Toilettenpapier abrollen, Folgendes ab:

Rollen Sie Ihr Klopapier nach vorne ab, also überhängend, sind Sie ein ordnungsliebender Mensch, der gern das Kommando übernimmt und stark leistungsorientiert ist.

Rollen Sie Ihr Klopapier von hinten, also herunterhängend ab, sind Sie ein gelassener, zuverlässiger Mensch, der nach Beziehungen sucht, die auf einem stabilen Fundament ruhen.

Ist es Ihnen die Abrollrichtung egal, versuchen Sie, Konflikte zu minimieren, sind flexibel und stellen sich gern neuen Situationen.

„Aus einem **verzagten** Arsch kommt kein **fröhlicher** Furz."

Martin Luther
deutscher Theologe und Kirchenreformator
(1483–1546)

i

Hätten Sie's gewusst?

Die Erzählung, dass Sir Walter Raleigh seinen Mantel über einer Regenpfütze ausbreitete, damit Königin Elisabeth I. trocknen Fußes darüberschreiten konnte, ist nur zur Hälfte wahr. Berücksichtigt man die hygienischen Verhältnisse der damaligen Zeit, handelte es sich eher um Urin als um Wasser.

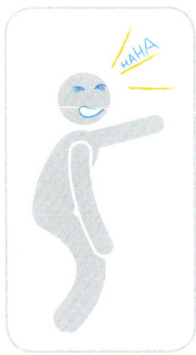

Toiletten-Humor

Kommt eine ältere Frau zum Arzt und berichtet aufgeregt:

„Herr Doktor, ich habe vor einigen Tagen versehentlich eine 2-Euro-Münze verschluckt. Aber immer wenn ich auf die Toilette gehe, kommt nur Kleingeld!"

Daraufhin der Mediziner beruhigend:

„Das ist völlig normal, Sie sind schließlich in den Wechseljahren …"

Das ist ekelig!

In einigen Ländern Nordafrikas gehört es zur Hochzeitszeremonie, die Gäste mit dem Urin der Braut zu besprenkeln.

Eine Erfindung, die Ehen rettet

Um den ewigen Streit um das richtige Aufhängen von Toilettenpapierrollen zu beenden, entwickelte der amerikanische Ingenieur Curtis Batts 1996 den „Tilt-A-Roll" – einen schwenkbaren Toilettenpapierhalter, der sich um 180 Grad drehen lässt, sodass das Toilettenpapier sowohl über- als auch herunterhängend abgerollt werden kann. Inspiriert wurde er zu der Erfindung durch sein Elternhaus, in dem ständig über diesen Punkt gestritten wurde. Und auch im eigenen Heim führt die Frage der richtigen Abrollrichtung immer wieder zu Diskussionen.

„Lieber den Darm im Leibe gesprengt,
als dem Wirt ein Tröpfchen geschenkt."

Deutsches Sprichwort

i Hätten Sie's gewusst?

Im viktorianischen London sammelten die Kinder die Hinterlassenschaften von Hunden ein und verkauften sie an die Gerber. Diese verwendeten den Kot bei der Herstellung von weichem Leder zum Beizen der Tierhäute.

Kriecher und Kracher: 20 Furzarten

1 Bariton-Furz: ein Furz, der, wenn er auf die Schüssel trifft, ein tiefes, sattes Echo erzeugt.

2 Dröhner: jeglicher Furz, der dem Zuhörer derart in den Ohren klingt, dass dieser für einige Sekunden zu keinem Kommentar fähig ist.

3 Junggesellen-Furz: ein extralauter und langer Furz, der oftmals als Zeichen dafür verwendet wird, dass man tun und lassen kann, was man will.

4 Bläschen-Furz: jeder Unterwasser-Furz.

5 Arschbombe: ein Furz, der ebenso laut wie schmerzhaft ist und nicht nur droht, die Hosennaht zu sprengen, sondern auch den Hintern, aus dem er entspringt.

6 Geh-Furz: eine Serie von Fürzen, deren Dauer je nach Schritttempo variiert.

7 Kissen-Kriecher: ein gedämpfter Furz, der niemals zu enden scheint und zur Hälfte von einem Kissen oder einem gut gepolstertem Stuhl beziehungsweise Sofa absorbiert wird.

8 Bettdecken-Furz: Furz, der sich einige Zeit unter der Bettdecke hält, gut geeignet, um das Ende einer Beziehung zu beschleunigen.

9 Freiheits-Furz: hell klingender, freudiger Furz, der entsteht, wenn er weder durch Kleidung noch durch eine Sitzgelegenheit gezügelt wird.

10 Risiko-Furz: ein Furz an der Grenze zum Kacken.

11 Kracher: jeglicher Furz in einem beengten Raum wie einem Aufzug.

12 Motivations-Furz: enttäuschter, stotternder Furz, der den episodischen Aufmunterungsrufen bei einem VfB-Heimspiel entspricht.

13 Einbackiger Schleicher: die Kunst, unauffällig eine Gesäßhälfte anzuheben und lautlos zu furzen.

14 Doppeltakter: ein Furz, dem in Sekundenschnelle ein zweiter folgt.

15 Multi-Dauerknatterer: eine ganze Reihe von aufeinanderfolgenden Fürzen, die so etwas wie eine Melodie ergeben.

16 LAT: Abkürzung für ,,leise, aber tödlich'' – kaum Geräusch, aber jede Menge Gestank.

17 Quietscher: leiser, unbefriedigender Furz, der die Mühe eigentlich nicht wert ist.

18 Kröten-Furz: kurzer, schriller Furz, der dem Geräusch ähnelt, das eine Kröte von sich gibt, wenn man versehentlich auf sie tritt.

19 Toxischer Zischer: siehe LAT.

20 Morgen-Furz: der erste Furz des Tages – das Ergebnis all der unverdauten Speisen und Getränke des Vorabends, welche die Nacht über im Magen gegärt und eine Menge Gas produziert haben.

Toiletten-Humor

Eine Frau kommt vom Einkaufen zurück und trägt die Einkäufe – unter den wachsamen Augen ihrer Nachbarin – ins Haus. Darunter befindet sich auch ein großer Karton mit Klopapier.

Meint die Nachbarin erstaunt:
„Haben Sie das alles gekauft?"

Erwidert die Gefragte genervt:
„Ja glauben Sie, ich habe es aus der Reinigung geholt?"

Ein gefährliches Geschäft

Hilfe „von oben" kann der Besucher einer Toilette bei seiner Verrichtung nicht erwarten, denn ein entsprechender Schutzpatron ist nicht bekannt. Auf mehr göttlichen Beistand – der vermutlich auch bitter nötig ist – dürfen dagegen diejenigen hoffen, welche die Hinterlassenschaften beseitigen. Ihr Schutzpatron ist der 352 n. Chr. verstorbene Papst Pius I.

Ein ausgefallener Rahmen

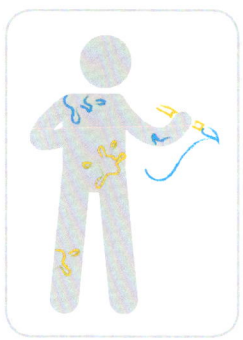

Die kleinste Kunstgalerie der Welt ist vermutlich die Bog Standard Gallery, die von der britischen Künstlerin Melanie Boda im Jahr 2007 eröffnet wurde. Der ein Quadratmeter große Ausstellungsraum entstand in einem ausrangierten mobilen Toilettenhäuschen, in dem mittlerweile mehr als 50 000 Besucher begrüßt werden konnten.

Melanie, eine ehemalige Studentin der Metropolitan University, erwarb das Klohäuschen für 125 £ von einem Verleiher und baute es sechs Wochen lang in eine Galerie um. Nachdem sie die sanitären Einrichtungen entsorgt hatte, strich sie die Wände weiß, verlegte einen Eichenboden und installierte ein Oberlicht. Ausgestellt wird eine Sammlung von mehr als 600 Fotos von Toilettenschildern aus der ganzen Welt.

i

Hätten Sie's gewusst?

Wollte eine Frau im Deutschland des 17. Jahrhunderts eine Beziehung beenden, musste sie sich keine Gedanken darüber machen, wie sie das ihrem Demnächst-Ex am besten mitteilt. Sie platzierte einfach eine kleine Menge ihrer Exkremente in dem Schuh des Betreffenden. Weitere Erklärungen waren nicht erforderlich.

Skurrile Toiletten-Vorschriften

1 In der Schweiz darf ein Mann nach 22:00 Uhr nicht mehr im Stehen urinieren.

2 In Schottland müssen Sie jedem gestatten, Ihre Toilette zu benutzen, wenn er Sie darum bittet.

3 Im kalifornischen Dana Point ist es verboten, das Badezimmerfenster zu öffnen, wenn der Raum benutzt wird.

4 Das Verlassen einer Toilette, ohne zu spülen, ist in Indonesien gesetzlich verboten.

5 In England ist öffentliches Wasserlassen erlaubt, sofern Sie auf den Hinterreifen Ihres Kraftfahrzeugs urinieren und Ihre rechte Hand das Fahrzeug berührt.

6 Auf Waldron Island im Bundesstaat Washington dürfen Häuser maximal über zwei Toiletten verfügen. (Diese Vorschrift war eigentlich dazu gedacht, Wasser zu sparen.) Allerdings gehen die Menschen so oft auf die Toilette, wie sie müssen beziehungsweise wollen – unabhängig von der Anzahl der Toiletten.

7 In Großbritannien hat eine schwangere Frau das Recht, überall ihre Notdurft zu verrichten, auch in den Helm eines Polizisten (sofern sie das möchte).

8 In Portland (Oregon) ist das Tragen von Rollerskates auf Toiletten verboten.

9 In der amerikanischen Stadt Bexley (Ohio) untersagt eine kommunale Verordnung das Anbringen von Geldspielautomaten in Badezimmern und Toiletten.

10 Die Einwohner von New Hampshire dürfen sonntags nicht nach oben schauen, wenn sie sich ins Bad begeben.

11 Im kalifornischen San Jose dürfen Sie nur mit Erlaubnis Ihres Nachbarn in dessen Klohäuschen schlafen.

i **Hätten Sie's gewusst?**
Prinz Charles wird nachgesagt, er hätte auf Reisen stets seinen Toilettensitz aus weißem Leder dabei.

> **Politik** besteht darin, dass Sie in Verhandlungen sitzen und nicht immer auf den **Pott** können.

Heide Simonis
deutsche Politikerin (geb. 1943)

Eine einfache Rechnung

Während der Hyperinflation von 2008 in Simbabwe war es billiger, Banknoten der Landeswährung als Toilettenpapier zu verwenden, als richtiges Toilettenpapier zu kaufen. Die Rechnung ist einfach: Eine Rolle mit 350 Blatt kostete zu dieser Zeit (umgerechnet) 1,50 US-Dollar. Entsprechend kostete ein Blatt 0,004 US-Dollar oder 3600 Simbabwe-Dollar. Sich den Po mit einem 1000-Zimbabwe-Dollar-Schein abzuwischen ergab in finanzieller Hinsicht also durchaus Sinn.

Eine explosive Mischung

Laut einem Zeitungsbericht wurde der 13-jährige Dennis aus Recklinghausen aus dem Badezimmerfenster geschleudert, nachdem er die Kloschüssel mit Raumspray eingesprüht und – auf der Toilette sitzend – mit einem Feuerzeug gespielt hatte. Das vorhersehbare Ergebnis: Die Flamme hat das Gas entzündet.

Später erzählte Dennis: ,,Plötzlich gab es eine orangefarbene Stichflamme. Danach bin ich mit verbrannter Kleidung im Freien aufgewacht. Ich habe gerochen wie ein Grillhähnchen.''

Der Junge erlitt Verbrennungen im Gesicht und am Oberkörper. Dennis' Vater meinte zu dem Vorfall: ,,Er hat erkannt, dass das nicht klug war.''

Eine großartige Zweckentfremdung

Der 1979 verstorbene Charlie Deal aus San Francisco hatte eine weitere kreative sowie einträgliche Verwendungsmöglichkeit für Toilettensitze gefunden: Er verwandelte sie in E-Gitarren.

Dabei ist jede Deal-Gitarre so einzigartig wie der Toilettensitz, aus dem sie in Handarbeit gefertigt wurde. Und laut denjenigen, die eine solche Gitarre schon einmal in der Hand hatten, ist deren Konstruktion erstklassig und der Klang außergewöhnlich.

Deal stieg 1968 ins Gitarrengeschäft ein und seine Instrumente wurden von einigen der größten Stars der damaligen Zeit gespielt, darunter Jefferson Airplane und Starship. Auch das Cover von Huey Lewis' Platinalbum „Sports" ziert eine Toilettensitz-Gitarre von Charlie Deal.

i Hätten Sie's gewusst?

Dr. Charles Gerba, ein amerikanischer Mikrobiologe, behauptet, dass unsere Toiletten sauberer sind als unsere Küchen und dass es – was die Bakterienbelastung betrifft – gesünder ist, sich sein Brot auf dem Toilettensitz zu schmieren als auf der Küchenarbeitsplatte.

Was für ein Leben

In dem nur wenige Minuten bis einige Tage dauernden Leben der Eintagsfliegen dreht sich alles nur um eines: die Fortpflanzung. Um dabei keine Zeit zu verlieren verzichten sie sogar auf die Nahrungsaufnahme und produzieren dementsprechend auch keinerlei Ausscheidungen.

„Die Leute sollen reisen und nicht scheißen.“

Zwischenruf während einer Bundestagsdebatte, in der es um Toiletten in Zügen und auf Bahnhöfen ging.

Herbert Wehner
deutscher Politiker (1906–1990)

Das ist ekelig!

Der Entdecker Sir Richard Burton reiste in den 1850er-Jahren nach Mekka und berichtete, dass die Muslime ihren Penis nach dem Urinieren mit einem Stein, Sand oder einem Erdklumpen reinigen. Die entsprechenden Utensilien führen die Männer unter ihren Turbanen mit.

Erst das Papier, dann das Toilettenpapier

Die Erfindung des Papiers im Jahr 105 wird dem chinesischen Hofbeamten Ts'ai Lun zugeschrieben. Von da war es nur noch ein kleiner Schritt bis zum Klopapier – eine Neuerung, die von vielen Reisenden mit größtem Argwohn betrachtet wurde.

So berichtet ein muslimischer Händler im Jahr 851 von der widerlichen Angewohnheit der Chinesen, den After mit Papier zu reinigen statt mit der Hand und Wasser.

Bis zum Jahr 1391 war das Toilettenpapier fast überall in China verbreitet. Allein für den kaiserlichen Hof wurden laut der Behörde für kaiserlichen Bedarf 720 000 Blätter pro Jahr benötigt, wobei die kaiserliche Familie in den Genuss eines besonders zarten und parfümierten Papiers kam.

i

Hätten Sie's gewusst?

Die erste namentliche Erwähnung einer „Schizhusfegerin", also einer Toilettenfrau, stammt aus dem Jahre 1330. Ihr Name war Hilda und sie lebte in Frankfurt.

Toiletten in der Hauptrolle

Wer hätte gedacht, dass Toiletten eine solch wichtige Rolle in Kinofilmen spielen? Hier einige Beispiele:

- 💩 *Zurück in die Zukunft* (1985): Doc Brown entwickelt seine Zeitmaschine, nachdem er von der Toilette abgerutscht ist und sich den Kopf angeschlagen hat.

- 💩 *Lethal Weapon 2* (1989): Die von Danny Glover gespielte Filmfigur sitzt auf einer Toilette, die mit einem versteckten Sprengsatz versehen ist, der explodieren soll, sobald sie aufsteht.

- 💩 *Kevin – allein in New York* (1992): Als John Pesics Haare Feuer fangen, versucht er, dieses zu löschen, indem er seinen Kopf in eine Toilettenschüssel taucht, die jedoch mit Kerosin gefüllt ist.

- 💩 *Explosiv – Blown Away* (1994): Thommy Lee Jones verwendet die Toilettenschüssel in seiner Gefängniszelle für den Bau einer Bombe, mit der er ein Loch in die Zellenwand sprengt.

- 💩 *Jurassic Park* (1993): Ein Anwalt wird von einem Tyrannosaurus rex gefressen, während er sich in einem Toilettenhäuschen versteckt.

Pulp Fiction (1994):
John Travolta wird von Bruce Willis erschossen, als er die Toilette verlässt; er fällt nach hinten, zurück in die Toilette, und bleibt dort tot liegen.

Arachnophobia (1990):
Eine große Spinne wartet versteckt in der Toilettenschüssel darauf, dass jemand das WC benutzt.

Trainspotting (1996):
Ewan McGregor fischt in einer dreckigen Toilette nach seinen Opiumzäpfchen, taucht schließlich hinein und findet sich im azurblauen Wasser des Ozeans wieder.

Der Pate (1972):
Al Pacino (Michael) erschießt einen seiner Rivalen und einen korrupten Polizisten mit einer Pistole, die hinter einer Restaurant-Toilette versteckt war.

Die nackte Kanone (1998):
Lieutenant Frank Drebin (Lesley Nielsen) geht während einer Pressekonferenz auf die Toilette, ohne zu bemerken, dass sein Mikrofon noch eingeschalten ist, sodass die entsprechenden Geräusche ebenfalls übertragen werden.

Meine Frau, ihre Schwiegereltern und ich (2004):
Robert de Niros Katze Jinxie spült den Hund der Fockers nach einer wilden Verfolgungsjagd die Toilette im Wohnmobil hinunter.

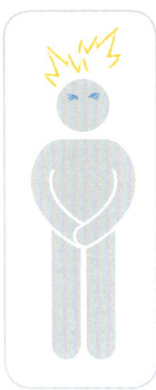

- *Verrückt nach Mary* (1998):
  Ben Stiller klemmt kurz vor seiner Verabredung mit Cameron Diaz zum Abschlussball sein bestes Stück im Reißverschluss seiner Hose ein.

- *So wie wir waren* (1973):
  Während sich Robert Redford in einer Szene in die Toilette seiner Filmpartnerin Barbara Streisand übergibt, sieht man die beiden in der darauffolgenden sich leidenschaftlich lieben.

- *Candyman's Fluch* (1992):
  Der Candyman erscheint, wenn man sich vor einen Badezimmerspiegel stellt und dreimal seinen Namen ausspricht, während man in den Spiegel blickt.

- *Fight Club* (1999):
  Tyler Durden (Brad Pitt) und seine Mitstreiter bedrängen einen Stadtbeamten in einer Toilette und drohen, ihm die Hoden abzuschneiden.

- *GoldenEye* (1995):
  James Bond erschießt einen russischen Soldaten auf der Toilette – wobei er sich dafür entschuldigt, nicht angeklopft zu haben.

- *Dumm und Dümmer* (1994):
  Als Jeff Daniels bemerkt, dass bei der Toilette seiner Angebeteten – die er nach einer Durchfall-Attacke bis zum Bersten gefüllt hat – die Spülung nicht funktioniert, reißt er sie in seiner Verzweiflung aus der Verankerung und schüttet den Inhalt aus dem Fenster.

- *Snakes on a Plane* (2006): Einem der Charaktere wird von einer Schlange, die sich auf der Flugzeugtoilette versteckt hat, in den Penis gebissen.

- *Hostel* (2005):
  Der holländische Geschäftsmann wird auf einer Toilette angegriffen. Dabei verliert er zwei seiner Finger, wird fast ertränkt und schließlich erstochen.

- *2001: Odyssee im Weltraum* (1968):
  Der Film zeigt eine Weltraumtoilette samt einer verständlichen Gebrauchsanleitung.

- *Terminator 3* (2003):
  T-X und Arnie zerstören bei ihrem Kampf in einer Toilette zahlreiche der Kabinen.

- *Inspektor Clouseau, der „beste" Mann bei Interpol* (1976):
  Während Inspektor Clouseau auf dem Klo sitzt, schleichen sich zwei Killer in die jeweils anschließende Kabine und erschießen sich gegenseitig, da er sich genau in dem Moment nach einer heruntergefallenen Toilettenpapierrolle bückt.

Und natürlich …

- *Ein Streik kommt selten allein* (1971):
  Die Geschichte der Toiletten-Fabrik W.C. Boggs & Sohn, die immer wieder bestreikt wird. Der Inhaber, W.C. Boggs, wird von Kenneth Williams gespielt.

Toiletten-Humor

Eine junge Frau lädt ihren Freund zu einem Abendessen mit ihren Eltern ein. Natürlich ist der junge Mann sehr aufgeregt, da er einen möglichst guten Eindruck auf seine potenziellen Schwiegereltern machen möchte. Als er am Haus seiner Freundin ankommt, befindet sich sein Magen in höchstem Aufruhr.

Trotzdem schlägt sich der junge Mann bis zur Hälfte des Essens ganz gut. Da verspürt er das dringende Bedürfnis, zu furzen. Als der Druck und die Schmerzen zu groß werden gibt er dem Drang schließlich nach.

„Bello!", ruft die Hausherrin und blickt zum Familienhund, der zu Füßen des jungen Mannes liegt.

Dieser ist so erleichtert, dass der Hund verdächtigt wird, dass er noch einmal furzt, dieses Mal lauter.

„Bello!", ruft die Mutter der jungen Frau noch einmal scharf.

Da wiegt sich der junge Mann endgültig in Sicherheit und lässt einen richtigen Kracher fahren.

„Bello!", kreischt die Mutter entsetzt. *„Komm her, bevor dir der Kerl auf den Kopf scheißt!"*

Tod durch Klopapier

Die nigerianische *Sunday Sun* berichtete im Jahr 2006 von einem genialen Mordkomplott: Die Täter hatten ausgekundschaftet, dass ihr Opfer an Hämorrhoiden leidet. Nachdem sie zudem in Erfahrung gebracht hatten, welche Toilettenpapiermarke es verwendete, besorgten sie sich einige Rollen davon, bestrichen diese mit einem tödlichen Gift, platzierten sie im Haus des Opfers und warteten ab.

Durch das Reinigen des Afters gelangte das Gift über die Hämorrhoiden in den Blutkreislauf der Zielperson, was zu einem Herzinfarkt und schließlich zum Tod führte.

Toiletten-Humor 10

„Markus, weißt du wo der Nil liegt?", fragt die Lehrerin einen ihrer Schüler.

Doch statt auf die Frage zu antworten entgegnet dieser: *„Ich muss mal dringend auf die Toilette."*

Aber die Lehrerin ist hartnäckig: *„Nicht bevor du mir gesagt hast, wo der Nil liegt."*

„Ich mache gleich in die Hose! Bitte, bitte lassen Sie mich auf die Toilette", fleht Markus nun.

„Nicht bevor du meine Frage beantwortet hast!", entgegnet die Lehrerin streng. *„Wo liegt der Nil?"*

Antwortet Markus schließlich kleinlaut: *„Ich glaube auf meinem Stuhl."*

i Hätten Sie's gewusst?

Da vermutlich 80 Prozent aller ansteckenden Krankheiten über die Hände übertragen werden, ist Händewaschen – u.a. nach einem Toilettengang – besonders wichtig. Allerdings halten die wenigsten die empfohlene Mindestwaschdauer von 20 Sekunden ein. Zur Orientierung: Das entspricht dem zweimaligen Summen des Happy-Birthday-Liedes.

Berühmte Furzer

🍦 Der spanische Künstler Salvador Dalí war angeblich auch in Bezug auf das Furzen ein wahrer Künstler. Es heißt, er konnte mit einem Furz eine Kerze aus fast zwei Meter Entfernung „auspusten".

🍦 Der römische Kaiser Claudius ordnete an, dass die römischen Bürger überall und zu jeder Zeit furzen dürfen. (Leider widerrief Kaiser Konstantin diesen Erlass im Jahr 315 v. Chr.)

🍦 Der Chronist Samuel Pepys bekannte, dass er hin und wieder von Darmwinden geplagt wird.

🍦 Königin Victoria von Großbritannien aß zu schnell und mischte Rotwein mit Whisky, was zu hartnäckigen Blähungen bei ihr führte.

🍦 Adolf Hitlers Leibarzt, Theodor Morell, verschrieb dem Führer regelmäßig Medikamente gegen dessen Blähungen. Der Grund für Hitlers diesbezügliches Leiden war angeblich seine Vorliebe für Weißwürste und Wildpastete, wobei häufig angenommen wird, er sei Vegetarier gewesen. Die Tabletten, die er deswegen einnahm, enthielten Strychnin und Tollkirsche, die Halluzinationen und aggressives Verhalten hervorrufen können.

Die acht ungeschriebenen Gesetze für Urinal-Benutzer

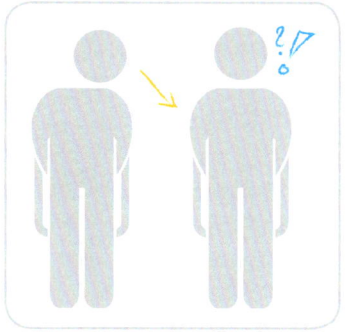

1 Urinale dienen nur zum Urinieren

Wenn Sie sich frisch machen wollen, benutzen Sie ein Waschbecken. Müssen Sie „groß", gehen Sie in eine der Kabinen. In einer zivilisierten Gesellschaft gibt es keine Ausnahmen von dieser Regel.

2 Nutzen Sie den vorhandenen Platz

Männer sollten sich gleichmäßig auf die vorhandenen Urinale verteilen, am besten so, dass jeweils ein Urinal zwischen zwei „Benutzern" frei bleibt. Ist das nicht möglich, beachten Sie die Regeln 3, 4 und 5.

3 Keine Gespräche

Wenn Sie neue Bekanntschaften schließen wollen, tun Sie das in der Schule, auf der Uni, im Fitnesscenter, auf dem Golfplatz, im Fußballstadion oder im Internet – überall, nur nicht auf der Toilette. Der Gang auf das „stille Örtchen" sollte eine möglichst private Angelegenheit sein und nicht als Möglichkeit betrachtet werden, um mit anderen ins Gespräch zu kommen oder gar zu flirten.

4 Den Blick geradeaus

Zählen Sie die Fliesen an der Wand vor Ihnen, prüfen Sie anhand der aushängenden Liste, wann die Toilette das letzte Mal gereinigt wurde, oder lesen Sie eine unsinnige Reklame. Das ist alles furchtbar langweilig, aber unabdingbar, wenn Sie die Toiletten-Etikette wahren möchten. Vermeiden Sie unter allen Umständen, den Kopf auch nur wenige Grad nach links oder rechts zu drehen. Andernfalls erwecken Sie bei Ihrem Nachbarn den Eindruck, Sie würden ihn „abchecken" und Vergleiche ziehen.

5 Den toten Winkel meiden

Stehen Sie unmittelbar neben einem anderen Toiletten-Benutzer, bleiben Sie in seinem peripheren Sehbereich. Stehen Sie zu weit hinter ihm, in seinem toten Winkel, hält er Sie womöglich für einen Killer oder Sexualstraftäter – oder beides.

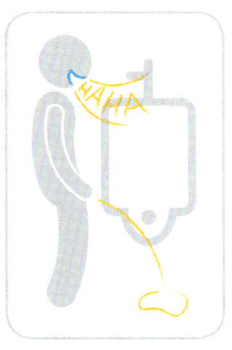

6 Zielen Sie

Eigentlich sollte es überflüssig sein, diesen Punkt zu erwähnen: Das Ziel Ihres Strahls sollte die Abflussöffnung des Urinals oder der darin befindliche WC-Stein sein und nicht die Wand, der Boden, Ihre Schuhe oder gar die Schuhe Ihres Nachbarn.

7 Die Fußkontrolle

Eine offene Kabinentür bedeutet nicht automatisch, dass die Kabine tatsächlich frei ist. Das Schloss könnte kaputt sein oder der Benutzer hat schlicht vergessen, die Tür zu verriegeln. Ein kurzer Blick unter der Tür durch hilft, peinliche Situationen zu vermeiden – ebenso wie das langsame Öffnen der Kabinentür, das dem Benutzer etwas Zeit verschafft, um auf Ihr ungebetenes Eindringen mit einem Ruf zu reagieren und/oder seine Blöße zu bedecken.

8 Kot ist kein Gesprächsthema

Defäkieren ist nicht das Gleiche, wie Vater zu werden. Das heißt, dass Sie die Details zu diesem Vorgang nicht jedem mitteilen müssen. Spülen Sie einfach und beseitigen Sie sämtliche zurückgebliebenen Spuren. Übermannt Sie der Stolz und haben Sie das dringende Bedürfnis, mit jemandem über Ihren „Erfolg" zu sprechen, machen Sie ein Foto von dem Ergebnis und zeigen Sie es Ihren Arbeitskollegen oder Ihrer Familie …

Statistisch betrachtet

Ein Drittel aller Amerikaner betätigen die Spülung, während sie noch auf der Toilette sitzen.

Toiletten-Humor 11

Ein Betrunkener steht von der Bar auf und steuert die Toilette an. Kurze Zeit später ist ein schriller Schrei zu hören. Zwei Minuten später ertönt der Schrei noch einmal und zwei Minuten darauf ein weiteres Mal.

Daraufhin begibt sich einer der Barmänner auf die Toilette, um nachzusehen, was dort vor sich geht. Vor der einzigen verschlossenen Kabine ruft er:
„Sind Sie da drin?"

Antwortet der Betrunkene:
„Ja."

Erkundigt sich der Barmann:
„Ist alles in Ordnung? Mit Ihrem Geschrei jagen Sie den Kunden Angst ein."

Entgegnet der Betrunkene:
„Ich habe gerade gekackt, und immer wenn ich versuche zu spülen, quetscht mir etwas die Hoden zusammen. Probieren Sie es selbst einmal."

Daraufhin öffnet der Betrunkene die Tür und der Barmann meint kopfschüttelnd:
„Sie Idiot! Sie sitzen auf der Wischtuchpresse, nicht auf der Toilette …"

Welche Art von Furzer sind Sie?

Der Ehrgeizige: versucht bei jedem Furz, seine eigene Bestmarke in Bezug auf Lautstärke, Dauer und Geruch zu übertreffen.

Der Asoziale: furzt, sobald sich die Aufzugstür schließt.

Der Arrogante: denkt, jeder möchte unbedingt seine Fürze hören beziehungsweise riechen.

Der Athletische: furzt, während er ein Rad schlägt oder einen Rückwärtssalto macht.

Der Verunsicherte: kann nie sagen, ob es sein Furz war oder nicht.

Der Gleichgültige: furzt auch in der Kirche oder während einer Beerdigung.

Der Hochmütige: furzt überall und jederzeit.

Der Kindische: pupst und fängt dann an zu kichern.

Der Ritterliche: verlässt zum Furzen den Raum, wenn Damen anwesend sind.

Der Selbstgefällige: glaubt, er kann furztechnisch jeden übertreffen.

Der Verwirrte: weiß nie, ob er furzt oder rülpst. Manchmal tut er weder noch, manchmal beides.

Der Rücksichtsvolle: furzt nur auf der Toilette oder im Bad.

Der Enttäuschte: produziert nur leise Fürze.

Der Unehrliche: furzt und beschuldigt den Hund.

Der Egoistische: furzt nur zu seinem persönlichen Vergnügen.

Der Umweltbewusste: furzt regelmäßig, fühlt sich aber wegen seines Beitrags zur globalen Erwärmung schuldig.

Der Exhibitionistische: entzündet seine eigenen Fürze, um ein spektakuläres Zimmerfeuerwerk zu erzeugen.

Der Talentierte: erkennt am Geruch, was man zuletzt gegessen hat.

Der Schamlose: furzt laut und lacht dreckig.

Der Masochistische: furzt unter der Bettdecke und zieht diese dann über den Kopf.

Der Unglückliche: möchte unbedingt furzen, kann aber nicht.

Der Musikalische: kann über drei Oktaven furzen.

Der Nostalgische: denkt, dass das Furzen heute auch nicht mehr das ist, was es früher einmal war.

Der Philosophische: Ich furze, also bin ich.

Der Vornehme: spricht von Blähungen oder Darmwinden.

Der Vorschnelle: furzt unvermittelt, ohne befriedigende Entstehungsphase.

Der Besonnene: hat immer einen Furz in Reserve.

Der Sadistische: furzt im Bett und zieht die Bettdecke dann über seine Frau oder Freundin.

Der wissenschaftlich Interessierte: füllt seine Fürze in Flaschen ab, damit er das Gas analysieren kann.

Der Empfindliche: furzt und macht dann seine schlimmen Kindheitserlebnisse dafür verantwortlich.

Der Sentimentale: denkt mit einer Träne im Auge an seine früheren Fürze zurück.

Der Ungepflegte: furzt derart, dass Flecken in der Hose zurückbleiben, und wechselt diese drei Tage lang nicht.

Der Snobistische: furzt nur à la carte.

Der Umgängliche: mag den Geruch von anderer Leute Fürze.

Der Strategische: furzt und verschleiert dies durch gleichzeitiges lautes Husten.

Der Unterwürfige: bittet um Erlaubnis, zu furzen.

Der Dramatische: furzt und legt dann eine Kunstpause ein.

Der Sparsame: furzt nur, wenn es kalt ist.

Der Ängstliche: erschrickt vor seinen eigenen Fürzen.

Der Bedauernswerte: lässt beim Furzen nicht nur Gas, sondern auch festes Material entweichen.

Der Eitle: liebt den Geruch seiner Fürze.

Königliche Fäkalien im Überfluss

Königin Victoria war über den Tod ihres Geliebten Mannes Prinz Albert so betrübt, dass sie anordnete, die ehemals gemeinsam bewohnten Räumlichkeiten in Windsor Castle nicht zu verändern. Dieses Dekret bedeutete auch, dass die 53 Sickergruben nicht mehr geleert werden durften und mit der Zeit überliefen, was zu diversen Erkrankungen und sogar Todesfällen unter der Dienerschaft führte.

i

Hätten Sie's gewusst?

Im 15. Jahrhundert waren die römischen Kardinäle auf der Suche nach einem privaten Ort, um sich ungestört austauschen zu können (was später zur Wahl von Papst Pius II. führte). Schließlich trafen sie sich auf einer Toilette ...

> Bleib bei mir, Kleines,
>   dann wirst du durch Seide furzen.

Robert Mitchum (zu seiner späteren Ehefrau)
amerikanischer Schauspieler (1917–1997)

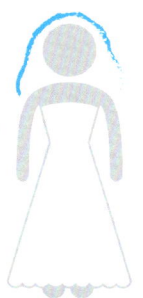

Feng Shui für Ihr Badezimmer

Nach der Lehre des Feng Shui beeinflusst die Aus- und Einrichtung Ihres Badezimmers Ihre Gesundheit, Ihren Reichtum, Ihr Liebesleben und die Harmonie innerhalb der Familie. Die folgenden sehr authentischen Tipps stellen sicher, dass das Chi (die kosmische Lebensenergie) frei fließen kann.

- Befindet sich Ihr Badezimmer über der Eingangstür beziehungsweise der Küche oder unter einer Treppe, kann das negative Auswirkungen auf Ihr Wohlbefinden haben.

- Ein Badezimmer nahe der Eingangstür kann dazu führen, dass das Chi abfließt, bevor es sich in der restlichen Wohnung verteilen kann.

- Der schlechteste Platz für ein Badezimmer ist jedoch mitten in der Wohnung/im Haus, da es in diesem Fall die Energie Ihres gesamten Zuhauses destabilisieren kann.

- Auch sollte sich das Badezimmer nicht direkt neben, über, unter oder gegenüber dem Schlafzimmer befinden, da Sie sonst möglicherweise im Schlaf negative Energien aufnehmen.

- Befindet sich Ihr Schlafzimmer an der „falschen" Stelle, können Sie negatives Chi reduzieren beziehungsweise stabilisieren, indem Sie Gegenstände, die dem Element Erde zugerechnet werden, auf dem Spülkasten oder auf einem Regal über der Toilette platzieren. Das kann zum Beispiel eine Schale mit Kieselsteinen, ein großer Kristall oder ein Strauß frischer Blumen sein. Alternativ können Sie diese Gegenstände auch in eine der Zimmerecken stellen.

- Abhilfe schaffen zudem ein roter Wandanstrich, ein roter oder schwarzer Badvorleger vor dem Waschbecken sowie ein an der Außenseite der Tür angebrachter Spiegel. Goldfarbene Handtücher sind ebenfalls empfehlenswert.

- Darüber hinaus ist das Bad ein guter Ort für eine Bambuspflanze, insbesondere wenn Sie diese im Spiegel sehen können.

- Befestigen Sie eine rote Schleife an allen ableitenden Wasserohren oder umwickeln Sie diese mit rotem Band.

- Stellen Sie sicher, dass zwischen der Badewanne und der Toilette ausreichend Platz ist, da sonst der Fluss des Chi behindert wird.

- Wichtig ist zudem, Ihr Bad sowie alle Gegenstände darin sauber und funktionstüchtig zu halten, da negative Energien sonst verstärkt werden.

Am unteren Ende der Gesellschaftsordnung

Im indischen Kastensystem gilt das Reinigen von Toiletten als unreine Tätigkeit und ist deshalb den „Unberührbaren" (auch als Paria bekannt) vorbehalten, die in der Gesellschaftsordnung ganz unten stehen. Dabei sind diese lediglich mit einer Bürste und einem Eimer oder Karton ausgerüstet und werden äußerst schlecht entlohnt – ihr Monatsverdienst beträgt meist weniger als 1 Euro.

Toiletten-Humor

Warum benutzen Beamte nur dreilagiges Klopapier?

Weil sie von jedem Scheiß zwei Durchschläge benötigen.

Das ist ekelig!
Eine Mischung aus Pavianurin und Bier gilt in
Simbabwe als Aphrodisiakum.

Loggen Sie sich ein ...

Für diejenigen, die sich die Zeit auf
der Toilette mit ihrem Smartphone
vertreiben, gibt es eine neue App:
iPoo.

Den Entwicklern zufolge bringt die
App Nutzer länderübergreifend zusammen. Sie können
anderen „Pooern" Nachrichten schreiben oder Graffitis
an einer virtuellen Toilettenwand hinterlassen, die für alle
sichtbar sind. Über MapView können Sie sogar sehen, wo
die anderen Nutzer gerade ihr Geschäft verrichten.

Hätten Sie's gewusst?
Um das Bankett anlässlich ihrer Hochzeit mit
Henry VII. nicht verlassen zu müssen, standen
Anne Bolyen zwei Dienerinnen – ausgerüstet
mit Nachttopf und Spitzentaschentuch – zur
Seite, die unter der Tafel verborgen waren.

Der Kaffee ist fertig

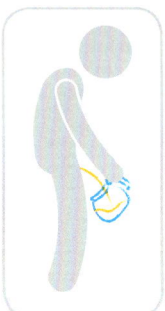

Die Mitarbeiter des amerikanischen Kabel-herstellers Wire Rope Corporation of America aus St. Joseph (Missouri) wunderten sich, warum der Kaffee seit einiger Zeit einen fauligen Beigeschmack hatte, und instal-lierten deshalb in der Kaffeeküche eine versteckte Kamera.

Die so entstandenen Aufnahmen brachten schließlich des Rätsels Lösung ans Licht, denn sie zeigten einen der Mitarbeiter, den 41-jährigen Milton Ross, wie er in die Kaffeekanne uriniert.

Ross wurde fristlos entlassen und später auch verklagt. Allerdings sagten Mitarbeiter des örtlichen Gesundheits-amtes aus, dass von dem „verseuchten" Kaffee keinerlei gesundheitliche Gefährdung ausgegangen sei.

i

Hätten Sie's gewusst?

Es ist Tradition bei den russischen Kosmonauten, auf den Reifen des Busses zu urinieren, der sie zur Startrampe bringt (vermutlich bevor sie ihre Raumanzüge anlegen). Diese eigenartigen Ange-wohnheit geht zurück auf ihren Kameraden Juri Gagarin, den ersten Menschen im Weltall.

Toiletten-Humor 13

Wie viele Männer werden benötigt, um eine Rolle Toilettenpapier zu wechseln?

Keine Ahnung, es ist bisher noch nie vorgekommen.

Vergeben und vergessen?

Edward de Verre, dem Lord Great Chamberlain am Hofe Elisabeths I., unterlief im Jahr 1550 ein großes Missgeschick: Während er sich vor der Königin verbeugte, entfleuchte ihm aus Versehen ein Furz. Zutiefst beschämt verließ er daraufhin England und begab sich auf Reisen. Als er nach sieben Jahren an den Hof zurückkehrte und vor die Königin trat, soll diese angemerkt haben: *„Ich hatte den Furz schon längst vergessen …"*

Das ist ekelig!

1 Gramm Fäkalien kann bis zu 10 Millionen Viren, 1 Million Bakterien, 1000 Parasitenzysten und 100 Parasiteneier enthalten.

Wenn's hilft ...

In der alternativen Medizin versteht man unter dem Begriff der Urintherapie die Anwendung von Eigenurin zu gesundheitlichen oder kosmetischen Zwecken – eine Methode, die bereits von früheren Kulturen praktiziert wurde und auch heute noch in bestimmten Kreisen ausgeübt wird.

- Im antiken Rom war es bei den Galliern üblich, den eigenen Urin zum Bleichen der Zähne zu verwenden (der Effekt wurde durch den im Urin enthaltenen Ammoniak erzielt).

- Der römische Gelehrte und Philosoph Plinius urinierte jeden Morgen auf seine Füße, um das allgemeine Wohlbefinden zu fördern.

- Der antike griechische Geschichtsschreiber Herodot war davon überzeugt, dass der Urin von frisch entjungferten Frauen ein ideales Mittel gegen Augenkrankheiten ist.

- Die Inuit verwendeten Urin als Haarwaschmittel, während die Mexikaner ihn gegen Schuppen einsetzten.

- In China schrieb man dem Urin junger Knaben medizinische Eigenschaften zu.

- Die Azteken verwendeten Urin, um Wunden zu säubern und zu desinfizieren – eine Praxis, die noch heute von Beduinen in der Sahara und einigen Inuit Alaskas angewandt wird.

- In Teilen Südchinas wäscht man die Gesichter von Babys mit Urin, um die empfindliche Haut zu schützen.

- Bei den Franzosen war es üblich, Strümpfe in Urin zu tränken und sich um den Hals zu wickeln, um eine Halsentzündung zu kurieren.

- Im 17. Jahrhundert sollen die adeligen Damen Frankreichs in Urin gebadet haben, um ihr Hautbild zu verbessern.

- Das Trinken von Urin war im England der 1860er- und 1870er-Jahre ein weitverbreitetes Mittel gegen Gelbsucht.

- Die Tatsache, dass viele tibetanische Yogis ein sehr hohes Alter erreichen, wird mitunter auf das Trinken von Eigenurin zurückgeführt.

- In der Sierra Madre behandelten die Bauern Knochenbrüche mit Umschlägen. Dafür mischten sie eine Paste aus Urin und zerriebenem verkohltem Getreide an, die auf die entsprechende Hautpartie aufgetragen wurde.

- Im 13. Jahrhundert empfahl Papst Johannes XXI. Urin als Augenwasser.

- Folgende Anwendung soll helfen, Akne zu lindern: Frischen Morgenurin mit einem kleinen Handtuch oder Waschlappen auftragen, trocknen lassen und abwaschen.

- Zahlreiche Sportler und Tänzer behaupten, dass das Urinieren auf die Füße Fußpilz vorbeugt beziehungsweise bekämpft. Auch Madonna bekannte sich in der *David Letterman Show* als Anhängerin dieser Methode.

- Einige Menschen urinieren auf ihre Hände und/oder Füße, um Hornhaut weich zu machen. Dolores O'Riordan, ein Mitglied der irischen Band *The Cranberries*, gehört dazu: Als sie anfing, Gitarre zu lernen, hatte sie Probleme mit Hornhaut an den Fingerkuppen. Die Urintherapie verschaffte ihr Linderung.

- Es heißt, Steve McQueen habe sich auf Anraten seiner mexikanischen Ärzte in den letzten Stadien seiner Krebserkrankung nur noch von Urin und gekochter Alligatorhaut ernährt.

- Auch Jim Morrison und John Lennon haben angeblich mit Urin experimentiert.

- Das Einmassieren der Kopfhaut mit einer Mixtur aus Kartoffeln, Schwefelpulver und abgekochtem altem Urin soll Haarausfall reduzieren.

- Einer der bekanntesten Anhänger der Urintherapie war der ehemalige indische Premierminister Moraji Desai. Anlässlich seines 99. Geburtstags im Jahr 1995 erklärte er, dass sein hohes Alter auf das tägliche Trinken seines Morgenurins zurückzuführen sei.

- Mahatma Gandhi soll ebenfalls seinen Urin getrunken haben, weil er glaubte, dies würde seine Seele reinigen.

Toiletten-Humor 14

Ein Sonntagsschullehrer ist besorgt, dass die Schüler einer seiner Klassen bei all der Kommerzialisierung des Weihnachtsfestes vergessen, dass die Geburt Jesu Christi tatsächlich stattgefunden hat. Deshalb fragt er seine Schüler:

„Wo ist Jesus heute?"

Michael hebt die Hand und antwortet:
„Im Himmel."

Die kleine Emma meldet sich ebenfalls und meint:
„Er ist in meinem Herzen."

Ben schnippt wie wild mit den Fingern und ruft:
„Ich weiß es, ich weiß es – er ist in unserem Badezimmer!"

Seine Mitschüler schauen ihn verwundert an und auch der Lehrer ist irritiert:
„Wie kommst du denn darauf, dass der Sohn Gottes bei euch im Badezimmer ist?"

Erklärt Ben:
„Jeden Morgen steht mein Vater auf, klopft an die Badezimmertür und ruft: ‚Herr im Himmel. Bist du immer noch da drin?!?!'"

Lassen Sie's raus!

Die Gefahren, die von einem unterdrückten Furz ausgehen, sind seit Langem bekannt. Um sicherzustellen, dass seine Untertanen nicht unnötig unter Verstopfung und Bauchkrämpfen leiden, erließ Kaiser Claudius I. ein Gesetz, das es den Bürgern Roms erlaubte, in der Öffentlichkeit frei zu furzen. Im 16. Jahrhundert verfasste der Gelehrte Erasmus von Rotterdam eine Abhandlung über Blähungen, in der er das Unterdrücken von Fürzen als Gesundheitsrisiko bezeichnete (natürlich hat er sich gewählter ausgedrückt).

Dem berühmten deutschen Physiologen Carl Ludwig zufolge litten die meisten Frauen des 19. Jahrhunderts an chronischer Verstopfung – sie waren so darauf bedacht, nach dem Essen nicht zu furzen, dass sie ständig die Pobacken zusammengekniffen haben.

Außer Betrieb

Im September 1965 waren die Rolling Stones im Londoner East End unterwegs, als Bill Wyman das dringende Bedürfnis verspürte, sich erleichtern zu müssen. Der Chauffeur der Musiker steuerte daraufhin die nächstgelegene Tankstelle an, deren Toilette jedoch außer Betrieb war.

Also kehrte Wyman unverrichteter Dinge zum Wagen zurück, woraufhin seine Band-Kollegen Mick Jagger und Brian Jones anfingen, sich mit dem Tankstellenmanager zu streiten. ,,*Wir pinkeln überall hin*'', riefen sie ihm zu und ließen ihren Worten Taten folgen: Drei der vier Band-Mitglieder urinierten an Ort und Stelle, was ihnen eine Verhaftung einbrachte.

Vor Gericht wurden die Musiker als ,,*zottelige Monster*'' bezeichnet und wegen ,,beleidigenden Verhaltens'' zu einer Geldstrafe von je 3 £ verurteilt.

i Hätten Sie's gewusst?

Für den Fall eines Unfalls sind die modernen vollautomatischen Toilettenhäuschen (City-Toiletten) so programmiert, dass sich die Tür automatisch nach 15 Minuten öffnet.

Alles Teil des Jobs

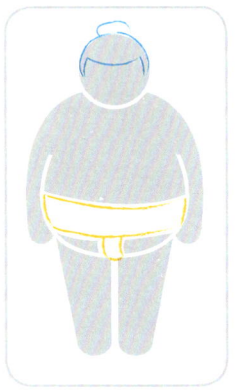

Eines der Probleme, die mit dem Beruf des Sumoringers einhergehen, besteht darin, dass man sich aufgrund des massiven Körperumfangs nicht selbst den Hintern abwischen kann – was dann von einem der „Lehrlinge" erledigt wird.

Insofern ist es nicht überraschend, dass sechs von zehn angehenden Sumoringern ihre Ausbildung innerhalb des ersten Jahres abbrechen.

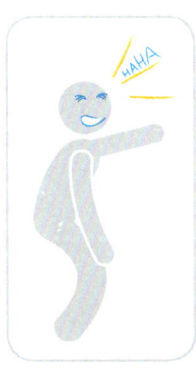

Toiletten-Humor 15

Zwei Blondinen und eine Brünette gehen die Straße entlang, als eine der Blondinen von Vogelkot getroffen wird.

Daraufhin die Brünette zu ihren blonden Freundinnen:
„Wartet hier, ich hole Klopapier."

Nachdem die Brünette weg ist, schauen sich die Blondinen verständnislos an und eine der beiden meint:
„Wie blöd ist die denn? Bis sie zurückkommt, ist der Vogel doch schon längst weg."

Wasserknappheit

Als die aus fünf Segelschiffen bestehende Flotte des portugiesischen Entdeckers Magellan 1519 zur ersten Weltumsegelung aufbrach, hatte jedes Schiff 50 Fässer Trinkwasser an Bord.

Den Besatzungsmitgliedern war klar, dass sie diese Vorräte unterwegs auffüllen mussten, doch konnten sie nach 18 Monaten in unbekannten Gewässern einfach keinen Nachschub finden. Sie begannen daher, ihren eigenen Urin zu trinken.

Ein Seemann schrieb in sein Tagebuch: *,,Überraschenderweise war es gar nicht so widerlich. Es schmeckt nicht schlechter als eine Flasche verdorbener Portwein – von denen ich bereits jede Menge getrunken habe.''*

i

Hätten Sie's gewusst?

Angeblich kam Winston Churchill in einer Damentoilette in Blenheim Palace in der Grafschaft Oxfordshire zur Welt. Nach dem Wahrheitsgehalt dieser Geschichte befragt soll er geantwortet haben: ,,Obwohl ich bei diesem Vorfall anwesend war, habe ich keine klare Erinnerung daran, welche Ereignisse dazu geführt haben.''

Toiletten-Humor 16

Eine ältere Dame kommt zum Arzt und klagt über ihre Blähungen:

„Wissen Sie Herr Doktor, eigentlich ist es ja eher ein Ärgernis als ein echtes Problem, da meine Fürze vollkommen geräuschlos sind und nicht stinken. Seit ich in Ihrer Praxis bin, musste ich bereits fünfmal Luft lassen und Sie haben es nicht bemerkt …."

Daraufhin stellt der Arzt ein Rezept aus und bittet die Patientin, in einer Woche wiederzukommen.

Beim nächsten Termin beklagt sich die alte Dame:
„Was haben Sie mir da nur verschrieben? Ich muss immer noch denn ganzen Tag furzen und meine Fürze sind auch immer noch geräuschlos, aber seit ich Ihre Tabletten nehme, stinken sie furchtbar."

Erwidert der Doktor lächelnd:
„Prima, nachdem Ihr Geruchsinn jetzt wieder funktioniert, können wir als Nächstes Ihr Gehör in Angriff nehmen."

---

i

Hätten Sie's gewusst?

König Henry II. hatte einen Hofnarren namens Roland, der die Gäste bei königlichen Banketten mit seinen Fürzen unterhielt. (Das Leben damals war so viel einfacher …)

Kot im Fernsehen

Mr. Hankey, der Weihnachtskot aus der Zeichentrickserie *Southpark*, war nicht der erste sprechende Kothaufen der Fernsehgeschichte. Diese Ehre gebührt der Figur des Dr. Shit aus der japanischen Fernsehshow *Ugo Ugo Ruga*.

Und wenn Sie denken, das wäre befremdlich, dann haben Sie die japanische Anime-Serie *Panty & Stocking with Garterbelt* aus dem Jahr 2010 noch nicht gesehen.

Für Interessierte: Panty ist eine unglaublich promiskuitive Blondine, deren Unterwäsche sich in eine Pistole verwandeln lässt, während Stocking eine Gothic-Lolita ist, die einen ihrer Strümpfe in ein Schwert verwandeln kann. Garterbelt schließlich ist ein Priester, der einige ziemlich seltsame Fetische pflegt. Der erste Gegner des Trios war ein riesiger Kothaufen.

,, Man kann einen Haufen Scheiße
nicht polieren, aber ihn
mit Glitter bestreuen. ''

Anonymus

i Hätten Sie's gewusst?

Im Jahr 1889 erfuhr der Nachttopf eine deutliche
Verbesserung – er erhielt einen Griff. In einem
zeitgenössischen Bericht war dazu zu lesen: ,,Er
wurde hinzugefügt, damit man beim Festhalten
des Gefäßes nicht mehr mit dem Daumen in selbiges greifen muss, so wie es bisher üblich war.''

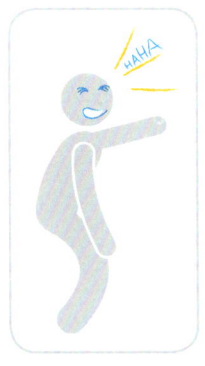

Toiletten-Humor 17

Was macht eine Blondine im Theater?

Sie verteilt Rollen – in jedes Klo eine.

Spiel & Spaß: Toiletten-Sudoku

	5			4			8	
4			8		9			1
	6		5		7		2	3
3		1				2		7
5			9		1			
			2		4			5
8	3			5			7	4
	1	4					5	
		5		6	8	3		

Die Auflösungen finden Sie auf Seite 177.

Öffentliche Toiletten –
Gebrauchsanleitung für Männer

1 Bewegen Sie sich langsam und aufrecht auf die Toilette zu.

2 Öffnen Sie die Tür mit einem Ruck, als wären Sie ein Revolverheld im Wilden Westen, der einen Saloon betritt.

3 Treten Sie ein und verschaffen Sie sich einen schnellen Überblick: Das „richtige" Urinal für Sie ist dasjenige, bei dem niemand unmittelbar neben Ihnen steht.

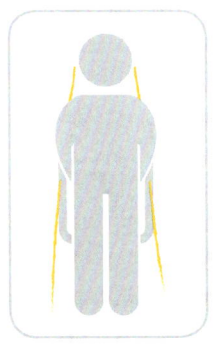

4 Begeben Sie sich gemessenen Schrittes zum Urinal. Die Augen blicken dabei stur geradeaus.

5 Öffnen Sie den Reißverschluss Ihrer Hose und erledigen Sie Ihr Geschäft so schnell wie möglich. Die Augen blicken dabei stets geradeaus, da ein eventueller „Nachbar" sonst den Eindruck bekommen könnte, Sie mustern ihn beziehungsweise sein bestes Stück.

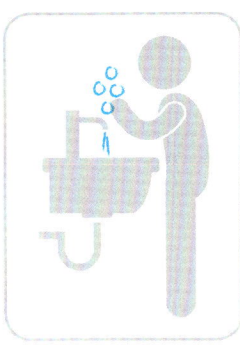

6 Schütteln Sie die letzten Tropfen ab.

7 Verstauen Sie Ihren Penis wieder in der Hose.

8 Reinigen Sie Ihre Hände, indem Sie die Handflächen kurz unter dem Wasserhahn gegeneinanderreiben – egal ob daraus Wasser fließt oder nicht. (Seife ist überflüssig.)

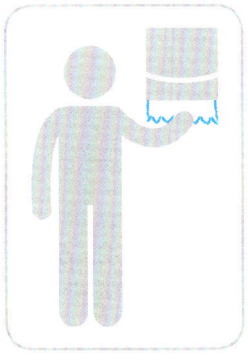

9 Trocknen Sie Ihre Hände fünf bis zehn Sekunden. Wenn Sie den elektrischen Händetrocker oder die Papierhandtücher nicht benutzen wollen beziehungsweise können, ist Ihre Kleidung ein guter Ersatz.

10 Verlassen Sie die Toilette, ohne sich umzusehen.

Die Schritte 6, 8 und 9 sind optional, Schritt 7 ist zwingend.

Öffentliche Toiletten –
Gebrauchsanleitung für Frauen

1 Betreten Sie die Toilette und inspizieren Sie jeden Kabine hinsichtlich folgender Kriterien: Zustand der Toilettenschüssel, der Wände und der Decke (in dieser Reihenfolge). Wählen Sie Ihren Favoriten in Bezug auf Sauberkeit und Freundlichkeit.

2 Betreten Sie die gewählte Kabine – möglichst noch vor der Dame, die nach Ihnen hereingekommen ist.

3 Verriegeln Sie die Tür.

4 Falls die andere Dame schneller war als Sie, murmeln Sie das Wort „Schlampe" und gehen in die zweitbeste Kabine.

5 Sperren Sie die Tür nochmals auf und wieder zu. Sie müssen vollkommen davon überzeugt sein, dass die Kabine sicher ist.

6 Hängen Sie Ihre Jacke und Ihre Tasche an den Türhaken. Ist der Deckel hochgeklappt, gehen Sie zu Schritt 7 über, wenn nicht, überspringen Sie diesen Punkt.

7 Umwickeln Sie Ihre Hand mit Klopapier (wie ein Einweghandschuh) und klappen Sie den Sitz herunter.

8   Wischen Sie den Toilettensitz mindestens zweimal mit Klopapier ab und werfen Sie es in die Toilettenschüssel.

9   Wiederholen Sie Schritt 8 zweimal. Werfen Sie das dazu benötigte Papier ebenfalls in die Toilettenschüssel.

10 Decken Sie den Toilettensitz mit einer Schicht Klopapier ab.

11 Fügen Sie eine weitere Lage hinzu, um sicherzugehen, dass Ihre Haut auch ja nicht mit dem Sitz in Berührung kommt.

12 Wiederholen Sie Schritt 5. Man kann nie sicher sein …

13 Legen Sie soweit nötig ab. Achten Sie aber darauf, dass Ihre Kleidung nicht mit dem Boden in Kontakt kommt. Nutzen Sie gegebenenfalls den Türhaken.

14 Setzen Sie sich vorsichtig auf die Toilette, ohne die Klopapierauflage zu verrutschen.

15 Beugen Sie sich sanft nach vorn und wiederholen Sie Schritt 5.

16 Entspannen und erleichtern Sie sich.

17 Rollen Sie die benötigte Menge Toilettenpapier ab, falten Sie es sorgfältig und wischen Sie sich ab, bis Sie trocken und sauber sind.

18 Werfen Sie das benutze Papier in die Toilettenschüssel.

19 Ziehen Sie sich wieder an, wobei Sie darauf achten, dass Sie exakt genauso aussehen wie beim Betreten der Toilette.

20 Entfernen Sie die Klopapierauflage vom Sitz und werfen Sie das Papier in die Toilettenschüssel. Betätigen Sie die Spülung.

21 Nehmen Sie Ihre Jacke vom Haken und ziehen Sie sie wieder an.

22 Nehmen Sie Ihre Handtasche vom Haken und öffnen Sie die Kabinentür.

23 Gehen Sie zum Waschbecken und stellen Sie das warme Wasser an.

24 Halten Sie Ihre Hände für mindestens 30 Sekunden unter das fließende Wasser.

25 Verteilen Sie großzügig Seife auf Ihren Händen.

26 Wiederholen Sie Schritt 25.

27 Spülen Sie die Seife mindestens 30 Sekunden lang mit warmem Wasser ab.

28 Trocknen Sie die Hände mit Papierhandtüchern ab, bis auch der letzte Rest Feuchtigkeit verschwunden ist. Sind keine Papierhandtücher vorhanden, halten Sie Ihre Hände drei Minuten unter den elektrischen Händetrockner.

29 Gehen Sie zurück an das Waschbecken und breiten Sie den Inhalt Ihrer Handtasche auf der Ablagefläche aus.

30 Beobachten Sie die anderen anwesenden Frauen und überlegen Sie sich Gemeinheiten in Bezug auf deren Aussehen und Kleidungsstil.

31 Erneuern Sie mindestens zweimal Ihr bereits perfektes Make-up.

32 Räumen Sie Ihre Tasche wieder ein. Nutzen Sie diese Gelegenheit, um die zahlreichen Fächer neu zu organisieren.

33 Werfen Sie einen Blick in den Spiegel und ziehen Sie Ihre Lippen noch einmal nach.

34 Verlassen Sie die Toilette, wobei Sie jeden mustern, der Ihnen begegnet (siehe Schritt 30).

Das Klopapier der Stars

Das erste zweilagige Toilettenpapier trug den Namen *Andrex* und war eigentlich als Papiertaschentuch für Männer konzipiert. Bei seiner Markteinführung 1942 war es zunächst nur im bekannten Londoner Warenhaus Harrods erhältlich. In den USA wurde es erst dann populär, als bekannt wurde, dass es auch von zahlreichen damaligen Hollywoodstars verwendet wurde.

Toiletten-Humor 18

Wenn vier von fünf Menschen an Durchfall leiden, heißt das, dass einer von fünf daran Gefallen findet?

Erwischt!

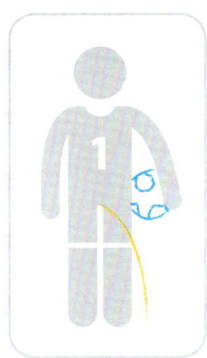

Im Spiel seines Vereins Athletic Bilbao gegen den FC Cádiz überkam den Erstligaspieler David Billabone ein dringendes Bedürfnis, das nicht bis zur Halbzeitpause warten konnte.

So entschloss sich Billabone, unauffällig an den Torpfosten seiner Mannschaft zu urinieren – was jedoch bei 20 000 Zuschauern und zahlreichen Journalisten ein nahezu unmögliches Unterfangen ist. Das entsprechende Bild ging durch die gesamte spanische Presse und Billabone musste eine Geldstrafe bezahlen.

i

Hätten Sie's gewusst?
Die ersten nach Geschlechtern getrennten Toiletten wurden 1739 in Paris installiert.

„ Bitte **verzichten** Sie auf öffentliches **Urinieren**. "

Schild anlässlich der Olympischen Spiele in Tokio 1964

Toiletten-Humor 19

Ein 88-Jähriger kommt zum Arzt, um seinen jährlichen Check-up durchführen zu lassen. Als alle Testergebnisse vorliegen, fasst der Doktor zusammen: *„Für einen Mann Ihres Alters sind Sie in einer bemerkenswert guten Verfassung."*

Antwortet der Mann: *„Das überrascht mich nicht, ich führe ein gesundes, gottgefälliges Leben und zum Dank wacht der Herr über mich."*

„Wie meinen Sie das?", erkundigt sich der Arzt.

Der Mann erklärt: *„Nun, wenn ich kein gottgefälliges Leben führen würde, dann würde Gott doch nicht jedes Mal für mich das Badezimmerlicht einschalten, wenn ich mitten in der Nacht raus muss."*

„Sie wollen sagen, dass Gott höchstpersönlich für Sie das Licht einschaltet, wenn Sie nachts auf die Toilette gehen?", fragt der Mediziner ungläubig nach.

„Genau das", bekräftigt der alte Mann. *„Und das schon seit vielen Jahren."*

Der Doktor lässt die Sache auf sich beruhen, bis die Frau des alten Mannes einige Tage später für ihren Check-up in die Praxis kommt.

„Ihr Mann hat Ihnen wahrscheinlich erzählt, dass er in guter körperlicher Verfassung ist", spricht der Arzt das heikle Thema an, *„aber ich mache mir Sorgen um seinen*

Geisteszustand. Er hat mir erzählt, Gott würde ihm das Licht im Badezimmer anschalten, wenn er nachts auf die Toilette muss."

"Oh", meint die Frau überrascht, *"dann ist er es, der immer in den Kühlschrank pinkelt."*

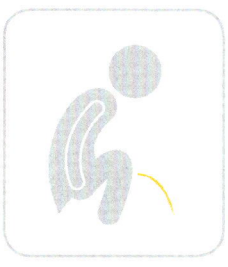

Einfach genial

Das Universalgenie Leonardo da Vinci ist bekannt für seine Kunstwerke und Erfindungen.

Weniger bekannt ist, dass er sich auch mit dem Thema Hygiene beschäftigt hat. Er entwarf Häuser mit Wendeltreppen – nicht aus architektonischen oder ästhetischen Gründen, sondern weil er die seinerzeit gängige Praxis unterbinden wollte, seine Notdurft im Treppenhaus zu verrichten.

Statistisch betrachtet
Im Pentagon werden täglich 636 Rollen Toilettenpapier verbraucht.

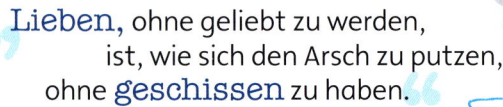

> **Lieben,** ohne geliebt zu werden,
> ist, wie sich den Arsch zu putzen,
> ohne **geschissen** zu haben.
>
> *Venezianisches Sprichwort*

Der Urin bringt es ans Licht

Auch im Sport wird gern geschummelt und auf leistungssteigernde Substanzen zurückgegriffen. Da man diese aber im Urin feststellen kann, sind Dopingsünder sehr kreativ, wenn es darum geht, die Kontrolleure auszutricksen.

Beliebt sind neben dem Einführen von Fremdurin in die Blase mittels Katheter auch mit „sauberem" Urin gefüllte Ballons und Kondome.

Männer haben darüber hinaus die Möglichkeit, eine Penis-Attrappe mit eingebautem Urintank zu verwenden. Allerdings muss diese täuschend echt sein, denn das Kontrollpersonal ist angewiesen, bei der Urinabgabe ganz genau hinzuschauen.

Toiletten-Humor 20

Zwei Männer begegnen sich in der Dusche nach dem Sport. Dabei bemerkt der eine einen riesigen Korken, der dem anderen aus dem Hintern ragt.

„Ich will ja nicht neugierig sein", spricht er den anderen darauf an, *„aber das sieht echt unbequem aus. Warum entfernen Sie den Korken nicht?"*

„Das geht nicht", antwortet der andere mit Bedauern in der Stimme. *„Er steckt fest."*

„Wie konnte das passieren?" fragt der eine weiter.

„Ich war im Urlaub und lief den Strand entlang, als ich im Sand verborgen eine alte Öllampe sah. Da musste ich an das Märchen von Aladin denken. Also zog ich sie heraus und rieb daran, woraufhin erst eine Rauchwolke und dann der Geist der Lampe erschien. Dieser meinte, ich hätte einen Wunsch frei. Doch leider war das Erste, was ich sagte: ‚Kein Scheiß?!?'"

---

i | ## Hätten Sie's gewusst?
Ein Mittel, um Hunde und Katzen von Ihrem Grundstück fernzuhalten, ist, den Zaun entlang zu urinieren.

Angepisst!

Die folgende Anekdote gab eine Frau im Juli 1999 in der von Jay Lenno moderierten *Tonight Show* zum Besten, als die Zuschauer nach ihrer schlimmsten ersten Verabredung gefragt wurden:

Sie war mit einem Mann, den sie kurz vorher kennengelernt hatte, zu einem Tagesskiausflug verabredet. Die beiden hatten viel Spaß auf der Piste, da es aber immer kälter wurde, beschlossen sie, sich frühzeitig auf den Heimweg zu machen. Aufgrund der vereisten Straßen dauerte die Fahrt jedoch viel länger als geplant und irgendwann meldete sich die Blase der Frau. Sie versuchte, den Harndrang zu unterdrücken, aber irgendwann ging es nicht mehr, und sie bat ihren Begleiter, anzuhalten, damit Sie sich am Straßenrand erleichtern könne.

Gesagt, getan. Neben dem Auto stehend zog sie Schnee-
hose und Unterhose herunter. Doch aufgrund der Glätte
musste sie sich abstützen, sodass sie sich mit dem Po
gegen die hintere Stoßstange lehnte. Als sie fertig war
und ihre Hosen wieder hochziehen wollte, bemerkte sie,
dass ihr Po an der Stoßstange festgefroren war. Zutiefst
beschämt versuchte sie loszukommen, ohne dass ihr
Begleiter etwas von ihrer misslichen Lage erfuhr. Doch es
klappte nicht und sie bat diesen schließlich doch um Hilfe.

Und so stieg auch der Mann aus, um sich aus der Nähe
ein Bild von der Situation zu machen (wobei die Frau versuchte, ihre Blöße so gut es ging zu bedecken). Die einzige
Lösung, die den beiden einfiel, war warmes Wasser, um
Haut und Stoßstange etwas zu erwärmen und so vonei-
nander zu lösen. Doch das war mitten im Nirgendwo nicht
aufzutreiben. Die einzige warme Flüssigkeit, die zur Hand
war, war Urin – sein Urin, womit es schließlich gelang, Frau
und Auto zu trennen.

i

Hätten Sie's gewusst?

Nach einem großen Verlust im Geschäftsjahr
1990/1991 hat die niederländische Fluggesell-
schaft KLM entschieden, das an Bord verwendete Klopapier nicht mehr mit kleinen Flugzeugmo-
tiven bedrucken zu lassen. Jährliche Einsparung:
knapp 23 000 Euro.

Toiletten-Humor 21

Franz und Ferdinand sind Trinkkumpane und arbeiten als Flugzeugmechaniker auf dem Frankfurter Flughafen. Als der Flugbetrieb an einem extrem nebligen Tag eingestellt wird, haben die beiden nichts zu tun und hängen gelangweilt im Hangar herum. Meint Franz: *„Mann, an Tagen wie diesen würde ich für einen Drink töten!"*

„Ich auch", pflichtet Ferdinand ihm bei. *„Aber ich habe gehört, dass Kersoin dir den ultimativen Kick verpasst. Kein Vergleich zu Alkohol."*

Also schenken sie sich, nachdem sie sich noch einmal versichert haben, dass sie niemand beobachtet, einige Gläser Kerosin ein und betrinken sich hemmungslos. Trotzdem schaffen sie es irgendwie, ihre Schicht zu beenden und nach Hause zu kommen.

Am nächsten Morgen ist Franz überrascht, wie gut es ihm geht – keine Spur von einem Kater oder anderen „Begleiterscheinungen". Da klingelt das Telefon. Es ist Ferdinand.

„Hey Kumpel, wie geht es dir?", erkundigt sich dieser.

„Super! Wie sieht es bei dir aus?", fragt Franz zurück.

„Auch super, kein Brummschädel, keine Übelkeit", antwortet Ferdinand.

Darauf Franz begeistert: *,,Dieses Kerosin ist ja wirklich ein cooles Zeug. Das sollten wir öfter machen."*

Entgegnet Ferdinand: *,,Okay. Aber eine Sache noch: Hast du schon gefurzt?"*

,,Nein", antwortet Franz verwundert. *,,Wieso?"*

,,Dann tu es auch nicht, denn ich rufe aus Köln an."

Die Spuk-Toilette

Der New Yorker Richard Stern erlitt einen Beckenbruch, als seine Toilette ihn unvermittelt eingesaugt hat. Doch anstatt den Wasserdruck oder einen Luftsack als mögliche Erklärung in Betracht zu ziehen, behauptet er steif und fest er wäre das Opfer eines toten Klempners, der als Geist in der Toilette sein Unwesen treibt.

Stern gibt an, dass der besagte Klempner starb, während er versuchte, genau diese Toilette zu reparieren. Und seitdem geschehen unheimliche Dinge: Die Rohe rasseln, aus der Toilette kommt ein Flüstern und sogar das Gesicht des Geistes will Stern schon in der Kloschüssel gesehen haben.

Le Pétomane

Der französische Bäckermeister François Pujol erlangte als Le Pétomane („der Furzer") mehr Berühmtheit für seine Fürze als für sein Brot. Denn er konnte – wie er in seiner Jugend herausfand – seinen Schließmuskel derart kontrollieren, dass er nach Belieben Luft ansaugen und wieder ausstoßen konnte. (Streng genommen handelte es sich also nicht um „echte" Fürze, also Darmgase – aber wir wollen an dieser Stelle nicht kleinlich sein.)

Er entwickelte diese Fähigkeit weiter und begeisterte sein Publikum später mit dem Furzen populärer Melodien und der Imitation von Geräuschen, zum Beispiel dem Donnern einer Kanone, dem Quaken einer Ente, dem Gebell eines Hundes, dem Ruf einer Eule oder dem Quietschen einer Tür. Schnell wurde er zum gefeierten Star und einem der höchstbezahlten Varieté-Künstler der 1890er-Jahre. Er konnte sogar Instrumente mit seinem Hintern spielen, mit denen er die Musikwünsche seines Publikums erfüllte.

Auch international war Pujols sehr erfolgreich. Zu seinen Zuschauern zählten zahlreiche berühmte Persönlichkeiten wie der britische Thronfolger Eduard und der belgische König Leopold II. Eine seiner Zugabe bestand darin, sich einen langen Schlauch mit einer brennenden Zigarette in den Anus einzuführen. Dann zog er an der Zigarette und blies den Rauch in Ringen durch den Mund aus.

Auf seinem Totenbett (er starb im Alter von 88 Jahren) soll er angeblich „The Last Post" gefurzt haben – ein Künstler bis zum Schluss.

Mr. Methane

Das britische Äquivalent zu Le Pétomane und einer der wenigen „Flatulisten" weltweit ist der Brite Paul Oldfield, ein ehemaliger Lokführer, der unter dem Namen Mr. Methane auftritt.

Zu seinem Repertoire gehört u.a. eine gefurzte Interpretation von „God Save the Queen". Im Jahr 2009 trat er in der Show Britain's got Talent auf, wo er „An der schönen blauen Donau" zum Besten gab. Allerdings konnte er die Juroren nicht von seinem Talent überzeugen.

Im deutschen Fernsehen war er ebenfalls schon zu sehen, zum Beispiel in der Sendung Das Supertalent, wo er es immerhin bis ins Halbfinale schaffte.

i Hätten Sie's gewusst?

Im Jahr 2007 ließ der Koreaner Sim Jae-Duck ein Gebäude errichten, das wie eine riesige Toilettenschüssel aussieht. Er nannte es Haewoo-jae, was so viel wie „sorgenfreie Zuflucht" bedeutet. Er wollte damit auf die mangelhaften sanitären Verhältnisse in vielen Ländern der Erde aufmerksam machen. Es beherbergt Asiens erstes Toilettenmuseum.

Öffentliche Toiletten – lustige Streiche

⊛ Spannen Sie Frischhaltefolie über die Toilettenschüssel (unterhalb der Klobrille). Der nächste Benutzer sitzt dann echt in der Scheiße …

⊛ Drehen Sie die Düsen des elektrischen Händetrockners nach oben und füllen Sie sie mit Talkumpuder. Sobald jemand das Gerät benutzt, steht er inmitten einer weißen Wolke.

⊛ Füllen Sie eine Geschirrspülmittelflasche mit Limonade oder Ginger Ale und nehmen Sie sie mit in die Toilettenkabine. Bespritzen Sie dann wie wild Ihre Nachbarn durch den Schlitz zwischen Fußboden und Trennwand und rufen Sie dabei: „Er ist außer Kontrolle, er ist außer Kontrolle!"

⊛ Nehmen Sie ein kleines Glas Erdnussbutter mit auf die Toilette und bestreichen Sie etwas Klopapier damit. Dann schieben Sie dieses unter der Trennwand durch in die Nachbarkabine und fragen: „Entschuldigung, können Sie es bitte zurückschieben?"

⊛ Produzieren Sie mit Ihren Händen oder dem Mund ein lautes Furzgeräusch und lassen eine Murmel zu Boden fallen. Anschließend rufen Sie: „Verdammt, jetzt hat es mein Glasauge aus der Höhle gedrückt."

- ☕ Wenn Sie an einem Urinal stehen und mit dem Pinkeln fertig sind, klopfen Sie beim Abschütteln mit der Rückseite Ihrer Hand seitlich gegen das Urinal. So klingt es, als hätten Sie einen 10-Pfünder.

- ☕ Machen Sie laute, angestrengte Geräusche, als müssten Sie defäkieren. Dann lassen Sie aus möglichst großer Höhe eine Melone oder Grapefruit in die Toilettenschüssel fallen und seufzen erleichtert.

- ☕ Rufen Sie: „Hummus, es erinnert mich an Hummus." Nach einer kurzen Pause ergänzen Sie: „Aber es schmeckt nicht wie Hummus."

Rajiv Kumar

Der aus Madras stammende Rajiv Kumur, ein Ansager bei der indischen Eisenbahn, wurde entlassen, weil er die 5. Sinfonie von Beethoven furzte und die Fahrgäste mittels Lautsprecheranlage daran teilhaben ließ.

Kumars Kommentar dazu: *„Ich liebe es, Menschen zu unterhalten. Ich furze oft auf Partys und die Leute sind begeistert. Warum also nicht auch auf der Arbeit?"*

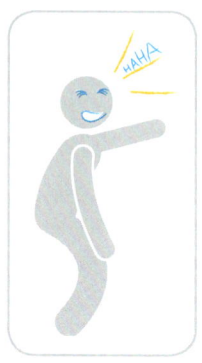

Toiletten-Humor

Warum können Frauen nicht so gut furzen wie Männer?

Weil sie nicht lange genug den Mund halten können, um genügend Druck aufzubauen.

Ein echter Kerl

Laut einem Artikel des Männermagazins GQ sollte ein 30-jähriger Mann 1248 Mal Sex mit mindestens 19 verschiedenen Partnern sowie einen One-Night-Stand gehabt haben, für den er sich schämt.

Darüber hinaus sollte er eine Nacht im Gefängnis, in einem Bordell, in einem Kloster und in einer Jugendherberge verbracht haben – und wissen, wie man ein verstopftes Klo repariert.

 Das ist ekelig!
Die Apachen waren bekannt dafür, dass sie im Notfall auch den Urin ihrer Pferde tranken.

Ein Überfall mit Hindernissen

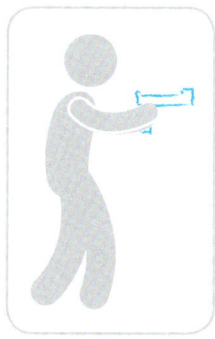

Der kanadische Ladenbesitzer Gerbert
Huck wurde Opfer eines Überfalls mit
Hindernissen.

Eines Tages kam ein Mann mit gezoge-
ner Waffe in sein Geschäft gestürmt.
Doch bevor er die Kasse ausgeräumt
hatte, überkam ihn ein dringendes Bedürfnis, dem er auf
der Personaltoilette nachkam, während Huck, dessen
Personal sowie die anwesenden Kunden mit erhobenen
Händen geduldig auf das Ende der Verrichtung warteten.
Nach einiger Zeit kam der Räuber wieder heraus, griff sich
das Geld und floh.

Nach dem Überfall meinte Huck: *„Wir dachten, er würde uns
durch das Schlüsselloch beobachten. Und das Letzte, was
wir wollten, war, einen Räuber beim Kacken zu verärgern."*

Ein glücklicher Toiletten-Fund

Der japanische Student Kando Kenasaki fand auf einer öffentlichen Toilette in Tokio eine Tüte mit Bargeld im Wert von umgerechnet 160 000 Euro.

Zunächst hatte der ehrliche Finder die anderen Anwesenden gefragt, ob ihnen das Geld gehöre, bis er von der Toilettenaufsicht zum Gehen aufgefordert wurde. (Denn diese dachte, er würde die anderen Toilettenbesucher belästigen.) Danach gab er das Geld bei der Polizei ab. Da aber niemand Ansprüche geltend machte, erhielt er es nach Verstreichen einer gewissen Zeit wieder zurück.

Der Kommentar des glücklichen Finders: *„Zuerst dachte ich, bei dem Geld handelt es sich um eine neue Sorte Toilettenpapier."* Gut, dass er seinen Irrtum rechtzeitig erkannt hat …

Tod auf der Toilette

Infolge des langen Drogenmissbrauchs litt Elvis Presley am Ende seines Lebens unter schweren Verstopfungen, sodass er Stunden auf dem Klo verbrachte. Diese Zeit nutzte er zum Lesen. Zum Zeitpunkt seines Todes (er stab auf der Toilette sitzend) war er in ein Buch über das Turiner Grabtuch vertieft.

Weitere Berühmtheiten, die auf dem Klo verschieden sind

- die Schauspielerin Judy Garland (1969, Drogenüberdosis)
- der Schriftsteller Evelyn Waugh (1966, Herzversagen)
- der Comedian Lenny Bruce (1966, Drogenüberdosis)
- der Schauspieler Charlie Chaplin jr. (1968, Gehirnembolie)
- der Sänger Jim Morrison (1971, Drogenüberdosis)
- der Filmproduzent Don Simpson (1996, Drogenüberdosis)

i Hätten Sie's gewusst?

Wenn Sie Ende des 18. oder Anfang des 19. Jahrhunderts unterwegs waren und mussten ganz dringend, konnten Sie die Dienste eines Abtrittanbieters in Anspruch nehmen. Zur Ausrüstung dieser Männer und Frauen gehörte nicht nur ein großer Holzeimer, in den die Notdurft verrichtet wurde, sondern auch ein weiter Mantel, um die Kundschaft vor allzu neugierigen Blicken vorbeilaufender Passanten zu schützen.

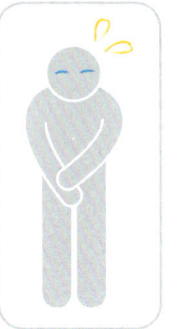

Haben Sie eine schüchterne Blase?

Fällt es Ihnen schwer, in einer öffentlichen Toilette, umgeben von Fremden, Wasser zu lassen? Wenn ja, dann leiden Sie möglicherweise – wie 7 Prozent aller Männer – an Paruresis.

Dabei handelt es sich um ein psychologisches Problem, das körperliche Beschwerden verursacht: Die Muskeln, welche die Blase verschließen, verkrampfen, sodass eine Entleerung nicht möglich ist. Rund 1 Million Männer sind so schwer von dieser Angststörung betroffen, dass sie außer ihrer eigenen keine andere Toilette zum Urinieren nutzen können.

i

Hätten Sie's gewusst?

Erwachsene Männer haben oftmals einen schmäleren Urinstrahl als erwachsene Frauen (was auf durch Geschlechtsverkehr und/oder das Gebären bedingten physiologischen Veränderungen beruht). Diese Tatsache nutzte man in den vergangenen Jahrhunderten als Test für die Unberührtheit einer Frau: Glich ihr Urinstrahl dem eines Mannes, galt sie als Jungfrau.

> An drei Orten erweist man sich nicht die *Ehre*: im Gefängnis, im *Klosett* und im Schwitzbad.

Jüdisches Sprichwort

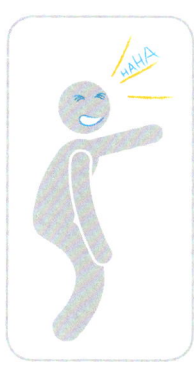

Toiletten-Humor 23

Nach einigen Drinks liefern sich zwei Barbesucher, ein Mann und eine Frau, einen Wettstreit darüber, was sie alles besser können als der andere.

Schließlich findet der Mann, dass es an der Zeit ist, den Worten Taten folgen zu lassen, und legt einen 50-Euro-Schein auf den Tresen mit den Worten:
„Wetten, dass ich weiter pissen kann als du!"

„Einverstanden", stimmt die Frau zu seiner Überraschung zu, *„unter einer Bedingung."*

„Und die wäre?", fragt der Mann siegessicher.

„Keine Hände!"

Fäkal-Rekorde

☕ Größter Urinausstoß

Im Januar 1991 erreichte der Urinstrahl von Peter Clarke aus Springfield (Illinois) eine unglaubliche Länge von 6,58 Metern und eine Höhe von 4,65 Metern. Ein Jahr später stellte er seine skurrile Rekordjagd aufgrund einer schweren Blasenruptur ein (eine Folge der ständigen Überbelastung).

☕ Längstes Urinieren

Den Rekord für das nachweislich längste Urinieren hält David Lyons aus Glasgow, der – nachdem er fast sechs Liter Apfelsaft getrunken hatte – unglaubliche 24 Minuten und 46 Sekunden am Stück pinkelte.

☕ Größter Kothaufen

Den nachweislich größten menschlichen Kothaufen „produzierte" Carl Simms aus Dallas (Texas) im Januar 1989. Nach zwei Stunden stand das Ergebnis fest: ein 370,84 Zentimeter langer Stuhl von einer „bemerkenswert gleichmäßigen Breite". In der Folge erhielt Simms Hausverbot für 134 öffentliche Toiletten in den Vereinigten Staaten.

☕ Breitester Kothaufen

Den nachweislich breitesten Stuhl produzierte Peter James aus dem englischen Bradford („Entstehungsdatum" unbekannt). Er hatte einen Durchmesser von 11,43 Zentimetern. Das „Beweisstück" wurde in Alkohol konserviert.

♨ Längste Verstopfung

Die längste medizinisch dokumentierte Verstopfung dauerte acht Monate und 16 Tage. So lange weigerte sich der Londoner Henry Morton Williamson im Jahr 1905, aufgrund einer schmerzhaften Analfissur zu defäkieren. Dieses selbst auferlegte Toiletten-Exil hatte jedoch gravierende Folgen: Williamson starb an einem eingeklemmten Bruch und einer Magenruptur. Der Leichenbeschauer fand später 26 Kilogramm Fäkalien in seinem aufgedunsenen Darm.

♨ Lautester Furz

Die lautesten jemals gemessenen Fürze werden David Baker aus Rochester (New York) zugeschrieben. Sie erreichten bei einer Dauer von 2,6 Sekunden eine Lautstärke von 84 Dezibel (das ist lauter als ein Wecker).

♨ Längster Furz

Der längste offiziell dokumentierte Furz stammt von Bernard Clemmens aus London. Er dauerte unglaubliche zwei Minuten und 42 Sekunden.

♨ Furz-Feuerwerk

„Sam" Yakkashima aus Tokio gelang es im Mai 1991, 89 Fürze in weniger als einer Minute anzuzünden. Die Fürze wurden von acht Assistenten „beigesteuert".

Euphemismen: 24 x Urinieren

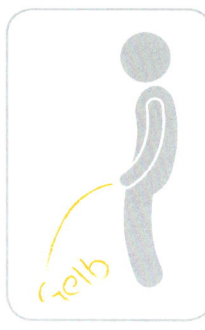

1 Eine Stange Wasser in die Ecke stellen

2 Eine Biopause einlegen

3 Dem kleinen Mann die große Welt zeigen

4 Einen Chinesen abseilen

5 Die Erlöserkirche aufsuchen

6 Sich entbieren

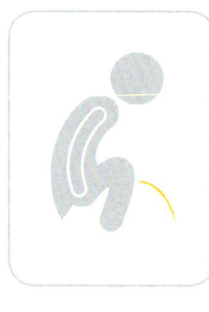

7 Die Keramikabteilung aufsuchen

8 Das Revier markieren

9 Ein Naturbad anlegen

10 Den Delphin ins Becken halten

11 Die Fleischpeitsche ausschütteln

12 Sich das Kleinlöschgerät vornehmen

13 Den Kaffee ausleeren

14 Dem besten Freund/einem Arbeitslosen die Hand schütteln

15 Den Rüssel wringen

16 Wein zu Wasser machen

17 Für kleine Königstiger gehen

18 Den Ruf der Natur hören

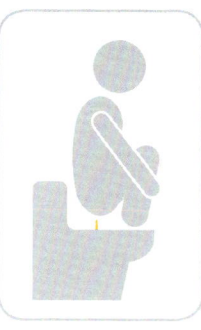

19 Den gelben Fluss begradigen

20 Dünnsäure verklappen

21 Die Wasserschlange würgen

22 Abwassern

23 Alarmstufe Gelb ausrufen

24 Zur Getränkerückgabe gehen

---

i

Hätten Sie's gewusst?

Die Hälfte aller erwachsenen Männer und ein Viertel aller erwachsenen Frauen waschen sich nach dem Gang zur Toilette nicht die Hände.

Toiletten-Humor 24

Warum deuten die Leute auf ihr Handgelenk, wenn sie die Uhrzeit wissen wollen, aber nicht auf ihre Genitalien, wenn sie nach der Toilette fragen?

i

Hätten Sie's gewusst?

Die Herrentoilette im Queen's Head Pub in Stockport ist gerade einmal 43 Zentimeter breit. Kein Wunder also, dass ein 200-Kilo-Kunde darin stecken blieb und erst von der Feuerwehr wieder befreit werden konnte.

Euphemismen: 21 x Defäkieren

1 Analsubstanz entsorgen

2 Land aufschütten

3 Einen Gruß an die Stadtwerke schicken

4 Das große Latrinum aufsagen

5 Eine Lokusblume pflanzen

6 Der Unterwelt den dunklen Fürsten schicken

7 Einem guten Freund die Freiheit schenken

8 Die Schüssel sprengen

9 Eine Raupe entpuppen

10 Die Schüssel reiten

11 Sich sanitär entspannen

12 Einen braunen Pullover stricken

13 Einen Torpedo ins Rohr jagen

14 Den Porzellangott anbeten

15 Ein Fax aus Darmstadt empfangen

16 Einen Bob in die Bahn werfen

17 Ein Duplo aus den Rippen quetschen

18 Eine Anakonda gebären

19 Die Reinigungsfachkraft für Stoffwechselendprodukte beschäftigen

20 Druck auf der Hinterachse ablassen

21 Die schwarze Mamba zähmen

Der Preis der Höflichkeit

Der berühmte dänische Astronom Tycho Brae (1546–1601) hatte im wahrsten Sinne den Kopf in den Sternen und vergaß deshalb, vor einem wichtigen Staatsbankett die Toilette aufzusuchen.

Ein folgenschwerer Fehler, wie sich herausstellen sollte. Denn zu der damaligen Zeit galt es als Beleidigung des Gastgebers, die Tafel vor dem Ende der Mahlzeit zu verlassen. Und so harrte Brae still leidend aus. Das Ergebnis seiner guten Manieren: eine Blasenruptur, an deren Folgen er elf Tage später verstarb.

Über den Wolken

Entgegen der weitverbreiteten Annahme entsorgen Fluglinien die in ihren Maschinen anfallenden Fäkalien nicht einfach während des Fluges. Vielmehr werden sie in einem Tank gesammelt, der nach der Landung mit einem Spezialfahrzeug geleert wird. Der Inhalt wird schließlich der örtlichen Abwasserentsorgung zugeführt.

Doch das war nicht immer so. In den Anfängen der Luftfahrt waren die Bordtoiletten bessere Pisspötte (und sowohl Fenster als auch Türen ließen sich damals noch problemlos während des Flugs öffnen).

Das heißt aber nicht, dass nicht doch mal Fäkalien vom Himmel fallen, wenn ein Tank oder eine der Leitungen undicht ist. Diese sind dann allerdings gefroren und haben die Größe eines kleinen Steins bis maximal eines Basketballs. Bisher wurde von diesen Fäkal-Geschossen nur Sachschaden verursacht, Menschen wurden nicht verletzt.

i Hätten Sie's gewusst?

Auch wenn in diversen Fernsehshows das Gegenteil berichtet wurde: Urin eignet sich nicht für die Behandlung von Quallenstichen – bestenfalls hat er überhaupt keine Wirkung, im schlechtesten Fall verstärken Sie so die Wirkung des Giftes.

Königliche Zigarrenkisten

Bei einer der Überholungen der königlichen Yacht *Britannia* wurden auch die Toilettensitze aus Mahagoni ausgetauscht. Doch landeten sie nicht etwa auf dem Müll, sondern in der Werkstatt eines geschäftstüchtigen örtlichen Schreiners, der daraus Zigarettenschachteln und Zigarrenkisten „mit einem Geheimnis" fertigte.

Unfälle passieren

Der 21-jährige Kitano Koshiki aus Tokio starb, während er sich vor einer Toilette verbeugte. Der Vorfall ereignet sich in einer großen japanischen Bank, bei der Koshiki ein Vorstellungsgespräch hatte. Da er zu früh war, wollte er noch einmal die Begrüßung seiner Interviewpartner üben und zog sich dazu auf die Toilette zurück.

Ein Bankangestellter, der zu dieser Zeit das Urinal benutzte, berichtete: *„Eine Stimme sagte mehrmals ‚Vielen Dank, sehr geehrte Herren, Ihre Einladung ehrt mich'."*

Nach dem letzten Mal gab es dann ein lautes Knacken und er hörte jemanden zu Boden fallen. Der Sicherheitsdienst brach schließlich die Kabinentür auf und fand Koshiki tot mit einem gebrochenen Schädel. Die Mutter des Verstorbenen sagte später unter Tränen: *„Er ist in einer Bank gestorben, so wie er es immer wollte."*

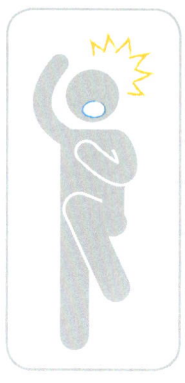

Glück im Unglück

Im Jahr 2009 musste der 67-jährige Pilot einer Cessna 182 wegen eines Motorschadens auf einem Regionalflughafen im Bundesstaat Washington notlanden. Er steuerte seine Maschine schließlich in eine Reihe von mobilen Klohäuschen und überstand die unsanfte Landung so unverletzt. Von offizieller Seite hieß es später, die Toiletten hätten die Dinge „abgefedert".

i

Hätten Sie's gewusst?

Hermann Göring, der Oberbefehlshaber der deutschen Luftwaffe im Dritten Reich, weigerte sich, Toilettenpapier zu verwenden. Stattdessen benutzte er weiße Baumwolltaschentücher, die er in Mengen kaufte.

Aus Scheiße Geld machen

Anfang des 18. Jahrhunderts waren in England Nachttöpfe mit dem Konterfei von Henry Sacheverell, einem unbeliebten Politiker und radikalen Prediger dieser Zeit, erhältlich. Diese verkauften sich so gut, dass sich der Hersteller ein repräsentatives Anwesen kaufen konnte, dem er stolz den Namen Piss-Pott Hall verlieh.

Spiel & Spaß: Toiletten-Irrgarten

Die Auflösung finden Sie auf Seite 177.

Das Örtchen mit den vielen Namen

Toilette

Ursprünglich bezeichnete man mit dem französischen Begriff „toilette" („Tüchlein") beziehungsweise „toile" („Tuch") das Tuch, auf dem man sein Waschzeug sowie Gegenstände der Haarpflege ausbreitete. Später wandelte sich die Bedeutung und man bezeichnete damit – wie an anderer Stelle bereits erwähnt – den Vorgang des Sichzurechtmachens beziehungsweise die Garderobe einer Frau von Stand. Seit dem 19. Jahrhundert versteht man darunter dann auch den Raum mit dem Klosett sowie die Klosettschüssel an sich.

Klosett/WC

Der seit dem 19. Jahrhundert gebräuchliche Begriff Klosett geht wie die gekürzte Form des Klos auf das englische „water-closet" zurück („abgeschlossener Raum mit Wasserspülung"), dessen Grundwort wiederum auf das französische „closet", der Verkleinerung von „close" („Gehege") zurückgeht. Auch die häufig gebrauchte Abkürzung WC geht auf das „water-closet" zurück und bezeichnet wiederum sowohl die Räumlichkeit als auch die Toilettenschüssel selbst.

Abort

Der Begriff des Aborts findet sich heute nur noch selten, am ehesten in der Amts- und Fachsprache. Er stammt wohl aus dem Niederdeutschen und bezeichnete ursprünglich einen abgelegenen Ort. Die einfachste Form des Aborts stellte eine meist ausgemauerte Grube im Erdreich oder eine in den Fels geschlagene Vertiefung dar. Deutlich fortschrittlicher waren mit Fallschächten versehene Aborte in Mauernischen, die nicht mehr geleert werden mussten, sowie später die Aborterker. Bei Wehranlagen führten die Fallschächte direkt ins freie Gelände, in den Burggraben oder einen Fluss. Bei Wohngebäuden wurden die Fäkalien auf das eigene Grundstück, in einen Fluss oder in eine von Fußgängern nicht oder nur selten benutzte Gasse zwischen zwei Häusern geleitet.

Abtritt/Austritt

Sowohl der Abtritt als auch der Austritt gelten heute als veraltete Bezeichnungen und finden dementsprechend selten Verwendung.

Lokus

Den vom lateinischen ,,locus necessitatis'' (,,Ort der Notdurft'') abgeleitete Begriff Lokus hört man heute ebenfalls kaum noch.

Latrine

Zu den veraltenden/veralteten Bezeichnungen gehört auch die der Latrine, die auf die lateinische ,,latrina'' beziehungsweise ,,lavatrina'' (,,Bad'') zurückgeht, die sich wiederum von dem Verb ,,lavare'' (,,sich waschen'') ableitet.

Jeden Tag eine gute Tat

Lord Baden-Powell, der Gründer der Pfadfinderbewegung, glaubte, dass ein täglicher Stuhlgang Voraussetzung für Gesundheit und Wohlbefinden sei. Hatte einer seiner Pfadfinder Schwierigkeiten mit der Verdauung, empfahl er das Trinken von reichlich Wasser und Bewegung.

> Gut **gefurzt** ist
> halb **geschissen**.
>
> *chinesischer Gelehrte
> und Philosoph Konfurzius*

186

Die Qual der Wahl

Das Pentagon in Washington verfügt über 284 Toiletten – doppelt so viele wie eigentlich benötigt. Der Grund: In den 1940er-Jahren, in denen das Pentagon errichtet wurde, galten noch Rassengesetze, die separate Sanitäranlagen für Weiße und Schwarze in Regierungsgebäuden vorschrieben.

Toiletten-Humor 25

Ein Oberst diktiert seiner Sekretärin einige Briefe, als diese bemerkt, dass der Reißverschluss von dessen Hose offen steht. Sie überlegt, wie sie das dem Oberst möglichst diplomatisch mitteilen kann. Schließlich entscheidet sie sich für eine Formulierung mit Militärbezug und flüstert ihm ins Ohr: *„Herr Oberst, das Kasernentor steht offen."*

Der Oberst runzelt die Stirn und scheint nicht zu verstehen, sodass sie den Satz noch einmal wiederholt.

Nach kurzem Nachdenken fällt schließlich der Groschen und der Oberst schließt leicht verlegen seine Hose.

Später beschließt der Oberst, sich mit seiner Sekretärin einen Spaß zu erlauben, und ruft sie in sein Büro.

„Übrigens Frau Müller", fragt er lächelnd, *„haben Sie da vorhin am Kasernentor auch einen strammen Soldaten stehen sehen?"*

Erwidert sie, ohne eine Miene zu verziehen: *„Nein, dafür aber einen kleinen Veteranen, der auf seinen zwei abgenutzten Rucksäcken in sich zusammengesackt ist."*

Ladies and Gentlemen ...

Es wird gemunkelt, dass die vom Rat des englischen Badeorts Cheltenham beschlossene Änderung der Toilettentürbeschriftungen von „Men" beziehungsweise „Women" hin zu „Gentlemen" und „Ladies" vor allem dazu dient, ein gehobenes, zahlungskräftigeres Publikum anzulocken.

Das ist ekelig!

Im Rahmen des mittelalterlichen Narrenfests aßen als Clowns oder Frauen verkleidete Darsteller menschliche Exkremente oder bewarfen die Zuschauer damit.

Überwachung total

Im amerikanischen Atlantic City geht ein Hotel neue Wege, um die Hygiene seiner Mitarbeiter zu gewährleisten. Alle Angestellten wurden mit Namensschildern ausgestattet, die mit speziellen Sensoren versehen sind. Diese beginnen zu piepen, wenn der oder die Betreffende sich nach dem Gang zur Toilette nicht mindestens 15 Sekunden am Waschbecken aufhält.

Explosiver Urin

Während des amerikanischen Unabhängigkeitskriegs wurde aus Urin Salpeter gewonnen, der für die Herstellung von Schießpulver benötigt wurde. Deshalb zogen die Anhänger der Konföderierten von Haus zu Haus, um den Inhalt der Nachttöpfe einzusammeln.

i Hätten Sie's gewusst?

90 Prozent der Medikamente, die wir einnehmen, scheiden wir über den Urin wieder aus. Und so ist es nicht verwunderlich, dass die amerikanische Umweltschutzbehörde EPA im Rahmen einer aktuellen Untersuchung Spuren von Schmerzmitteln, Antibiotika, Cholesterinsenkern und sogar Antidepressiva in Fischen gefunden hat.

„Warum rülpset und furzet ihr nicht, hat es euch nicht geschmacket?"

Martin Luther
deutscher Theologe und
Kirchenreformator (1483–1546)

Toiletten-Humor

Eines Tages ereilt ein unglückseliger Unfall ein jüdisches Ehepaar: Als die Ehefrau morgens schlaftrunken auf die Toilette geht, bemerkt sie nicht, dass der Toilettensitz hochgeklappt ist, sodass sie mit ihrem nackten Po in der Toilettenschüssel stecken bleibt, mit den Beinen in der Luft.

Als der Mann die Schreie seiner Frau bemerkt, eilt er ihr sofort zu Hilfe, doch auch ihm gelingt es nicht, sie zu befreien. Verzweifelt ruft er den Klempner-Notdienst an. Als der Handwerker schließlich eintrifft, wird dem Mann bewusst, in welch peinlicher Lage seine entblößte Frau sich befindet. Rasch geht er voraus ins Badezimmer und bedeckt zumindest ihre Scham mit seiner Kippa.

Als der Klempner das Badezimmer betritt, betrachtet er nachdenklich das sich ihm bietende Bild und schüttelt den Kopf. An den Ehemann gewandt meint er schließlich: *„Also Ihre Frau bekomme ich da wieder raus, aber für den Rabbi sehe ich schwarz."*

i Hätten Sie's gewusst?

Im Laufe unseres Lebens urinieren wir 34 830 Liter. Das sind umgerechnet etwa 315 lauwarme Badewannen-Füllungen.

Peinlich berührt ...

König Ferdinand I. von Neapel litt an Verstopfungen, weshalb er seine Besucher und Höflinge empfing, während er auf der royalen Toilette thronte.

Einer von diesen Besuchern war Kaiser Joseph II., der Folgendes notierte: *„Wir unterhielten uns über eine halbe Stunde lang und ich bin überzeugt, er würde immer noch auf der Toilette sitzen, wenn uns ein furchtbarer Gestank nicht signalisiert hätte, dass es vorüber ist."*

Aber auch der amerikanische Präsident Lyndon Johnson hatte die Angewohnheit, Unterhaltungen falls nötig auf der Toilette zu führen, sehr zum Leidwesen seines Stabs und der Reporter. Viele seiner „Gäste" fühlten sich unwohl, wenn er gleichzeitig den Regierungsgeschäften und seinem Privatgeschäft nachging – was Johnson zunehmend Vergnügen bereitete.

Ein ranghohes Mitglied seines Stabs wandte ihm in diesen Situationen immer den Rücken zu, was eine Unterhaltung schwierig machte. Also forderte der Präsident den Betreffenden auf, näher zu kommen, was dieser auch tat, allerdings rückwärts. Johnson meinte später dazu: *„Ich frage mich, wie dieser Mann es so weit schaffen konnte."*

Spiel & Spaß: Toiletten-Sudoku

		2		4				
	3		9	8			1	
			1		5			7
				8		8	5	
7	4						2	1
	8	5	3	1		3		
8			4		9			
	7			3	2		9	
				1		2		

Die Auflösungen finden Sie auf Seite 178.

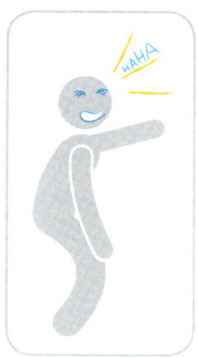

Toiletten-Humor

Warum nehmen Blondinen Brot mit auf die Toilette?

Weil sie die WC-Ente füttern möchten.

Die Blase von Richard Burton

Es ist bekannt, dass exzessiver Alkoholgenuss die Blasenkontrolle negativ beeinflussen kann. Einen eindrucksvollen Beweis dafür lieferte der britische Schauspieler Richard Burton 1953 in dem Stück Henry V., das zu dieser Zeit im Old Vic Theater in London aufgeführt wurde.

Nachdem er in der Pause einige Gläser Bier getrunken hatte, überkam ihn mitten auf der Bühne ein dringendes Bedürfnis. Also drehte er sich um und erleichterte sich kurzerhand in sein Kostüm – einen Kettenpanzer. Natürlich sickerte der Urin durch und floss in die Fußlichter. Das Ergebnis: Aufgrund der giftigen Dämpfe, die sich entwickelten, mussten die vordersten zehn Reihen geräumt werden.

Heilige Scheiße!

In einem unbeschwerten Moment gab Papst Alexander IV. (1199–1126) folgende Geschichte zum Besten:

Ein missratener Priester bedrängt im Beichtstuhl ein weibliches Gemeindemitglied. Um sich seiner Begierde zu entziehen, schlägt sie ein romantisches Treffen außerhalb der Kirchenmauer vor, da dies für ihn weniger gefährlich sei.

Im Vorfeld schickt sie ihm als Zeichen ihrer Liebe einen selbst gebackenen Kuchen, gefüllt mit ihrem Kot. Doch statt ihn, wie von der Frau erhofft, selbst zu essen, schenkte der Priester den Kuchen seinem Bischof – woraufhin er alsbald von seinen priesterlichen Pflichten entbunden wurde.

Spiel & Spaß: Anagramm

Welche zwei unverzichtbaren Toiletten-Accessoires verbergen sich hinter diesen Anagrammen?

KERB LOLLI

TRUEBES KLO

Die Auflösungen finden Sie auf Seite 178.

Feuer frei!

Anlässlich eines besonderen Jubiläums (man feierte den Abwurf von Bomben mit einem Gefechtsgewicht von insgesamt 6 Millionen Pfund auf Nordvietnam) wurde die Skyraider von Commander Clarance W. Stoddard mit einer ganz besonderen Abwurfwaffe bestückt – einer Toilette.

Diese wurde auf dem Flugzeugträger, auf dem der Commander stationiert war, ausgemustert und sollte eigentlich über Bord geworfen werden. Doch stattdessen wurde heimlich Stoddards Maschine damit munitioniert (als dieser sein Flugzeug bestieg, positionierten sich seine Crewmitglieder so, dass er sie vor dem Start nicht sehen konnte). Die Reaktion der Nordvietnamesen auf diese Bombe der anderen Art ist nicht überliefert.

Eine Garderobe der anderen Art

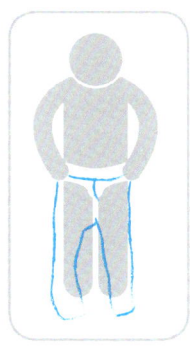

Die Toiletten in mittelalterlichen englischen Burgen waren auch als Garderoben bekannt – steinerne Abortsitze in Mauernischen, wobei größere Anlagen über einen eigenen Abortturm verfügten.

Die Fäkalien wurden über Fallschächte in den Burggraben geleitet. Diese Art der Entsorgung sorgte für schlechte Luft, aber auch dafür, dass Angreifer den Graben nicht einfach durchwateten oder durchschwammen.

Phosphoreszieren-des Klopapier & Co.

Toilettenpapier muss nicht immer nur weiß oder pastellfarben sein. Zahleiche neue Gestaltungsvarianten machen Ihren Toilettenaufenthalt interessanter:

Bewerbung

Schreiben Sie Ihren Lebenslauf auf dem WC – auf diesem Toilettenpapier können Sie Ihre Kontaktinformationen hinterlassen sowie Angaben zu Ihrer Ausbildung und Ihrem beruflichen Werdegang.

SUDOKU

Jetzt gibt es die beliebten Zahlenrätsel auch für die Toilette – nach dem Lösen einfach runterspülen.

Geld

Sich einmal wie ein Millionär fühlen! Jedes Blatt ist einer Banknote nachempfunden, wobei verschiedene Währungen erhältlich sind.

Phosphoreszierend

Dieses im Dunkeln leuchtende Toilettenpapier nimmt Stromausfällen den Schrecken.

Origami

Auf die einzelnen Blätter sind Faltanleitungen gedruckt,
zum Beispiel für einen Kranich.

Mangas

In Zusammenarbeit mit einem bekannten Manga-Künstler
hat das japanische Unternehmen *Banbix* ein mit einem
Manga bedrucktes Toilettenpapier herausgebracht.

Monogramm

Schluss mit der Anonymität! Kennzeichnen Sie Ihr Toilettenpapier mit Ihren Initialen in Echtgoldprägung.

Horrorgeschichte

Wer sich auf der Toilette gruseln möchte, greift zu diesem
mit einer Horrorgeschichte bedruckten Toilettenpapier.
Autor ist der durch seine Ring-Trilogie bekannte Japaner
Kōji Suzuki.

Käsereibe

Wollten Sie sich schon immer einmal den Hintern mit einer
Käsereibe abwischen? Mit diesem Toilettenpapier können
Sie sich diesen Wunsch schmerzfrei erfüllen.

> **i**
>
> ### Hätten Sie's gewusst?
> Die klingonische Übersetzung für „Wo ist die
> Toilette?" lautet: „nuqDaq 'oH puchpa"e?"

> Es gibt drei wichtige Dinge im Leben: **Respekt** für alle Arten von Lebewesen, regelmäßigen **Stuhlgang** und einen blauen **Blazer.**

Robin Williams (in dem Film König der Fischer)
amerikanischer Schauspieler (1951–2014)

Bessere Entscheidung dank voller Blase

Psychologen von der niederländischen Universität Twente zufolge treffen wir vernünftigere Entscheidungen, wenn unsere Blase voll ist.

Die Erklärung der Wissenschaftler: Wer seine Blase kontrollieren muss, kann auch andere Bedürfnisse kontrollieren beziehungsweise aufschieben, was sich positiv auf das Urteilsvermögen auswirkt.

i

Hätten Sie's gewusst?
Die erste öffentliche Toilette wurde 1824 in Frankreich in Betrieb genommen.

Die Toilette als Aquarium

Haben Sie sich jemals gewünscht, Ihr Spülkasten wäre ein Aquarium? Dann können Sie sich diesen Wusch jetzt erfüllen, denn das Tanquarium ist beides zugleich und verwandelt dem Hersteller zufolge selbst die kleinste Toilette in eine Attraktion.

Die Fische schwimmen im gleichen Wasser, mit dem auch gespült wird, allerdings verhindert eine Vakuum-vorrichtung, dass die Tiere in die Toilettenschüssel gelangen. Nach Herstellerangabe leben einige Fische schon seit zwei Jahren in solchen Spülkästen. Das Einzige, was Sie tun müssen, ist, sie zu füttern.

---

i **Hätten Sie's gewusst?**
Der Urin von Eunuchen galt als Fruchtbarkeits-mittel für Frauen.

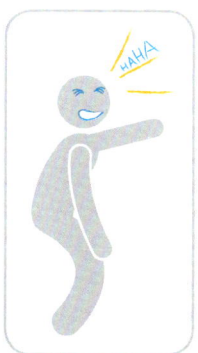

Toiletten-Humor 28

Anrufer:
„Ist dort die Inkontinenz-Hotline?"

Mechanische Stimme:
„Bitte warten Sie, der nächste freie Mitarbeiter ist für Sie reserviert …"

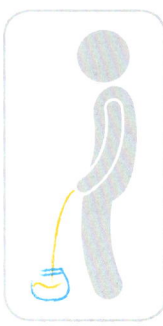

Wenn du in Rom bist ...

Eines der ersten dokumentierten Beispiele einer öffentlichen Toilette waren entlang den römischen Straßen aufgestellte Krüge, in die Reisende ihre Notdurft verrichten konnten.

- Die sanitären Verhältnisse im antiken Rom werden häufig überschätzt. Nur die reichsten Bürger konnten es sich leisten, Ihr Heim an die städtische Kanalisation anzuschließen. Die übrigen mussten sich mit Nacht-töpfen (die in Sickergruben entleert wurden) und öffentlichen Latrinen begnügen.

- Um die Graffiti auf den öffentlichen Latrinen einzu-dämmen, zierten deren Wände häufig Darstellungen der römischen Götter. Denn die Verunstaltung solcher Bilder stellte ein schweres Vergehen dar.

- Eine Gruppe römischer Soldaten beging Massenselbst-mord, nachdem sie auf Befehl hin einen der Abwasser-kanäle reinigen mussten. Ihrer Ansicht nach hatten sie sich dadurch selbst entehrt.

- Die Caracalla-Thermen boten bis zu 1600 Badenden gleichzeitig Platz. Im frühen 20. Jahrhundert dienten sie als Vorlage für zahlreiche moderne Gebäude, da-runter die Pennsylvania Station in New York.

💩 Der römische Kaiser Commodus (der von 180–192 n. Chr. regierte) wird häufig als Tyrann beschrieben, dessen Leben von Ausschweifungen und Selbstdarstellung geprägt wurde, wozu auch ein Gefolge von 300 Männern und 300 Frauen zählte. Angesichts der Dekadenz, Brutalität und Selbstgefälligkeit, die er bei zahlreichen Gelegenheiten unter Beweis gestellt hat, ist es schwierig, zu sagen, wann genau er den Verstand verloren hat. Spätestens war dies jedoch der Fall, als er anfing, menschliche Fäkalien unter die teuersten Delikatessen mischen zu lassen, und diese dann verzehrte.

💩 Vespasian war nicht der erste römische Kaiser, der erkannt hatte, dass Geld nicht stinkt (siehe Seite 14). Vor ihm hatte bereits Kaiser Nero eine Latrinensteuer erhoben, die sich als hervorragende Einkommensquelle erwies.

i Hätten Sie's gewusst?

Zahnärzte empfehlen, Zahnbürsten mindestens zwei Meter entfernt von der Toilette aufzubewahren, um eine Kontaminierung mit Fäkalbakterien zu vermeiden, die beim Spülen durch die Luft gewirbelt werden.

> Wer denkt, dass Sex
> das Größte im Leben ist,
> hat noch nie **richtig geschissen**.
>
> *Anonymus*

i **Hätten Sie's gewusst?**

Im Jahr 2000 wurde in Amerika eine Spielzeugrakete patentiert, die mit Darmgas befüllt und angetrieben wird.

Toiletten für Nacht-Pinkler

Die niederländische Firma UriLift stellt hydraulisch versenkbare Urinale her, die in vielen Städten Europas Verbreitung finden.

Um öffentliches Urinieren von Clubbesuchern und anderen trinkfreudigen Passanten zu reduzieren, heben sich die Toiletten nachts aus dem Boden und verschwinden frühmorgens dann wieder (tagsüber ist nur ein Kanaldeckel zu sehen). Die Sanitäranlagen sind vollautomatisch und nahezu wartungsfrei.

Ekelig oder cool?

Im Modern Toilet Diner in Taipeh sitzen die Gäste auf umgebauten Toiletten und essen aus kleinen Plastik-Kloschüsseln. Mund und Hände werden mit Servietten abgewischt, die wie Toilettenpapier auf Rollen gewickelt sind und sich in einem entsprechenden Halter befinden.

Dem Eigentümer Wang Tzi-wei zufolge wird das Restaurant von der Gästen zwischen 15 und 35 besucht. *„Ältere Menschen reagieren meist mit Unverständnis."* Generell sind Themenrestaurants sehr beliebt in Taipeh, darunter einige, die Gefängnissen und Krankenhäusern nachempfunden sind.

Und obwohl das Modern Toilet Diner vor allem bei der jüngeren Kundschaft sehr beliebt ist, gibt es auch Ausnahmen: Eine Mutter berichtete, dass ihr Sohn die Lokalität so abstoßend fand, dass er kaum einen Bissen hinunterbrachte.

Statistisch betrachtet
Das Weiße Haus verfügt über 39 Toiletten, während man im Buckingham Palace 78 findet.

Toiletten-Humor 29

Ein Mann will die Abwesenheit seiner Frau nutzen, um einige Reparaturen am Haus durchzuführen, u.a. den Toilettensitz neu lackieren.

Unbemerkt von ihm kommt seine Frau nach Hause, geht auf die Toilette und klebt am Toilettensitz fest, noch ehe er sie warnen kann. Alles Zerren nutzt nichts, sodass die beiden entscheiden, in die Notaufnahme zu fahren. Also schraubt der Mann den Toilettensitz ab und bedeckt seine Frau so gut es geht mit seinem Mantel.

Als sie an die Reihe kommen, zieht die Frau den Mantel aus und bückt sich, um dem Arzt das Dilemma zu verdeutlichen.

„Haben Sie so etwas schon mal gesehen, Herr Doktor?", erkundigt sich der Mann besorgt.

Antwortet der Arzt: *„Schon, aber noch nie eingerahmt."*

ℹ Hätten Sie's gewusst?

Danach befragt, was auf einer einsamen Insel unbedingt vorhanden sein müsste, antwortete knapp die Hälfte der Teilnehmer einer Umfrage mit Klopapier – mehr als diejenigen, die Nahrung als wichtigstes Erfordernis benannt haben.

Eine sehr öffentliche Toilette

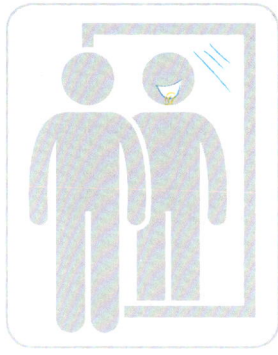

Im Jahr 2003 stellte die italienische Künstlerin Monica Bonvicini vor der Londoner Tate Britain ein Toilettenhäuschen auf, das die Neugierde der Passanten wecken und deren Mut herausfordern sollte.

Die Spiegelwände der Installation mit dem Namen „Don't Miss A Sec" waren so beschaffen, dass man von außen nicht hineinsehen, von innen aber herausblicken und die vorbeigehenden Menschen beobachten konnte. Der Benutzer selbst saß dabei auf einer Edelstahltoilette, die an ein Gefängnis-WC erinnern sollte. Ein Sprecher der Künstlerin erklärte: *„Das Kunstwerk erregt Aufmerksamkeit, da man es benutzen kann, wobei sich die Frage stellt, ob die Menschen sich dabei wohlfühlen. Sie könnten es als Entweihung eines Kunstwerkes betrachten oder befürchten, während des Toilettengangs doch sichtbar zu sein."*

---

i **Hätten Sie's gewusst?**

Der Hofbeamte, zu dessen Pflichten es gehörte, dem Pharao seinen Einlauf zu verabreichen, trug den Titel „Hirte des königlichen Anus".

Kleine Geschichte des Toilettenpapiers

1391 Herstellung des ersten Toilettenpapiers in China für den Kaiserhof

1596 Erfindung des ersten Wasserklosetts durch John Harrington

1710 Erfindung des Bidets

1857 Markteinführung des ersten industriell gefertigten Toilettenpapiers in den USA (Packungsinhalt: 500 Blatt)

1879 Verkauf der ersten Toilettenpapierrollen in den USA

1897 Das erste Toilettenpapier mit Perforation ist in weiten Teilen der USA erhältlich.

1900 Technische Verbesserungen führen im Viktorianischen Zeitalter zu einer deutlichen Verbreitung des Wasserklosetts (sowie des Bidets in Europa) und damit zu einer verstärkten Nachfrage nach Toilettenpapier.

1942 Herstellung des ersten zweilagigen Toilettenpapiers in England

1957 Einführung von farbigem Toilettenpapier

1980 Erfindung der papierlosen Toilette in Japan

1990 Die im Rahmen der Operation „Desert Storm" im Irak stationierten US-Truppen tarnten ihre Panzer mit Toilettenpapier.

1990er Markteinführung von Toilettenpapier, das mit pflanzlichen Zusatzstoffen wie Aloe Vera behandelt ist

1990er	Verkauf des ersten feuchten Toilettenpapiers in England durch die Firma Andrex
2010	Einführung der ersten Toilettenpapierrolle ohne Papprolle in den USA

Von der Toilette zur Kult-Bar

Eine U-Bahn-Toilette aus der Zeit Eduards VII. nahe dem Londoner Park Shepherd's Bush Green ist heute eine der angesagten Bars, in der Musiker und Comedians auftreten sowie Filmvorführungen und Kunstausstellungen stattfinden.

Ginglik, so der Name der Lokalität, wurde anlässlich der Olympischen Spiele im Jahr 1908 errichtet und 2002 zu einer der coolsten Bars Londons umgebaut – so das Urteil der *Sunday Times*.

„Der Tod liegt im Darm."

Paracelsus
schweizerischer Arzt
(1493–1541)

Kann man WC-Steine essen?

Um es in einem Wort zu sagen: NEIN – es sei denn, man möchte eines schmerzhaften Todes sterben. Moderne Toilettensteine, auch Beckensteine oder Pinkelsteine genannt, bestehen größtenteils aus Paradichlorbenzol.

Bei Ratten wirkt eine Dosis von 500 mg/kg dieser Substanz tödlich. Bei einem WC-Stein von ca. 85 Gramm und einem Menschen von 70 Kilogramm wird das Zweifache dieser Dosis erreicht.

Die Symptome einer Vergiftung mit Paradichlorbenzol sind ein Brennen im Mund, Atemschwierigkeiten, Husten, Kopfschmerzen, eine undeutliche Aussprache, Gelbsucht, Bauchschmerzen, Übelkeit, Erbrechen und Durchfall.

Toilettennamen

Im späten 19. Jahrhundert sowie Anfang des 20. Jahrhunderts erhielten Toiletten Namen, die in Bezug zu ihrer (vermeintlichen) Spülkraft standen.

Darunter fanden sich Bezeichnungen wie Lawine, Gigant, Wasserfall, Sintflut, Mahlstrom, Tornado, Sturzflut und Strudel.

Darüber hinaus gab es die Klammer und den Affen – lassen Sie Ihrer Fantasie freien Lauf …

Kacken wie ein König

Für diejenigen, die einmal wie ein König kacken wollen, hat die Firma Herbeau den Luxus-Leibstuhl „Dagobert" im Angebot – ein Schnäppchen für 14 123 US-Dollar.

Der Name geht zurück auf den Merowingerkönig Dagobert aus dem 8. Jahrhundert. Der Leibstuhl selbst ist aus massivem Eschenholz gefertigt und mit einer reich verzierten Porzellanschüssel versehen.

Beim Anheben des Klodeckels ertönt das Lied „Le Bon Roi Dagobert" („Der gute König Dagobert") und beim Ziehen der Spülkette signalisiert eine Glocke den Bediensteten, dass nun deren Reinigungsdienste benötigt werden.

i

Hätten Sie's gewusst?

Der aus dem Lateinischen entlehnte Begriff „Urin" („Wasser") fand erstmals im 15. Jahrhundert Eingang in die deutsche Sprache und hat seitdem die älteren Bezeichnungen wie Harn oder Pisse verdrängt. Diese werden heute zum Teil noch umgangssprachlich verwendet und gelten mitunter als derb bis anstößig.

Toiletten-Humor 30

Drei Altenheimbewohner diskutieren über die Folgen des Alterns.

„Das schlimmste Alter ist 60", erklärt der 60-Jährige. *„Ich habe ständig das Gefühl, ich müsste pinkeln, aber wenn ich auf die Toilette gehe, kommt nichts."*

Entgegnet der 70-jährige Bewohner: *„Das ist noch gar nichts! In meinem Alter funktioniert die Verdauung nicht mehr richtig. Selbst wenn ich zum Frühstück Cerealien esse oder Abführmittel nehme, sitze ich den ganzen Tag auf der Kloschüssel, ohne dass etwas passiert."*

Darauf hin der Älteste in der Runde: *„Genau genommen beginnt die schlimmste Zeit, wenn du 80 wirst. Ich pinkle jeden Morgen um 7:00 Uhr und kacke um 7:30 Uhr."*

„Und was soll daran so schlimm sein?" wirft der Erste ein.

„Ich wache erst um 8:00 Uhr auf."

Das ist ekelig!

Einige Ureinwohner Kolumbiens verwendeten zum Würzen der Nahrung Urin anstelle von Salz.

Leise, aber tödlich

Dr. Grant Evans, ein bekannter Geburtshelfer in Kansas, zog sich 1986 aus gesundheitlichen Gründen in den Ruhestand zurück. Als Folge einer Unterleibsoperation litt er an schweren Blähungen, deren üblen Geruch er durch das Entzünden eines Streichholzes abzuschwächen versuchte.

Im Jahr 1987 wurde Dr. Evans aufgrund schwerer Depressionen in eine psychiatrische Klinik eingewiesen. Am 11. April zog er sich tödliche Verbrennungen zu, während er in seinem Krankenzimmer auf der Toilette saß. Die Untersuchung des Vorfalls ergab, dass das Feuer vom Schritt des Pyjamas ausging – wahrscheinlich als Folge eines unachtsam weggeworfenen Streichholzes, das er aufgrund seiner Blähungen entzündet hatte. Als seine Witwe Arlene Ansprüche auf die Leistung aus der Lebensversicherung ihres Mannes geltend machte, lehnte die Versicherung eine Auszahlung mit der Begründung ab, dass es sich bei Dr. Evans' Tod um eine selbst zugefügte Verletzung, also einen Selbstmord handle, der von der Police nicht abgedeckt wird.

Der Fall ging schließlich vor Gericht, wo Arlene Recht bekam, da das Gericht – abgesehen von der Angewohnheit des Verstorbenen, den Geruch seiner Blähungen durch das Entzünden von Streichhölzern zu lindern – es für wenig wahrscheinlich hielt, dass ein Selbstmörder seine Leistengegend in Brand setzt, wenn ihm andere, deutlich weniger schmerzhafte Möglichkeiten zur Verfügung stehen.

Wo alles begann …

Mesopotamien gilt nicht nur als Wiege der Zivilisation, sondern ist auch der Sitz der Hygiene. Die Region wurde ab ca. 3 000 v. Chr. von den Sumerern beherrscht, deren König Sargon I. angeblich die ersten Toiletten überhaupt in seinem Palast installieren ließ – wobei das Wort Toiletten etwas hoch gegriffen ist, denn dabei handelte es sich um hufeisenförmige Sitze über einer Fäkaliengrube. Aber das war immer noch deutlich fortschrittlicher als die damals übliche Praxis, seine Notdurft über einem großen irdenen Gefäß zu verrichten.

Die Erfindung des ersten Spülklosetts wird den Minoern zugeschrieben, einer bronzezeitlichen Hochkultur Kretas, deren Blütezeit von 2 700 bis 1 500 v. Chr. reichte. Der von König Minos erbaute Palast von Knossos soll über eine Vorrichtung zum Sammeln von Regenwasser verfügt haben, das über ein geniales System von Terrakottarohren zu den Palastlatrinen geleitet wurde.

„Filme machen ist besser als Toiletten putzen.“

Klaus Kinski
deutscher Schauspieler (1926–1991)

Keine Sache
von Minuten

Manchmal dauert ein Toiletten-
besuch einfach länger – manchmal
sogar einige Stunden oder wie in
dem folgenden Fall zwei Jahre:
Im Februar 2008 wurde die Polizei
von Ness County von einem Mann
gerufen, der sich Sorgen um den Gesundheitszustand
seiner Freundin machte. Als die Beamten vor Ort eintrafen,
fanden sie eine 35-jährige Frau vor, die mit dem Toilettensitz verhaftet war. Doch der Grund dafür waren weder
Superkleber noch Fesseln. Als Folge ihres zweijährigen
Toilettenaufenthalts war ihre eigene Haut mit dem Sitz
verwachsen.

Obwohl die namentlich nicht bekannte Frau zunächst jede
Hilfe ablehnte, konnten die Polizisten und ihr Freund sie
schließlich doch überzeugen, ärztliche Hilfe in Anspruch
zu nehmen. *„Wir montierten den Toilettensitz ab und
brachten die Frau samt Sitz ins Krankenhaus, wo dieser schließlich entfernt wurde"*, berichtete Sheriff Brian
Whipple später.

Statistisch betrachtet
10 Prozent aller amerikanischen Haushalte
verfügen noch über eine Außentoilette.

Toiletten-Humor 31

Eine sehr attraktive Blondine kommt an den Tresen einer Bar und winkt den Barkeeper mit einer verführerischen Geste heran. Dann beugt sie sich zu ihm vor, bis ihr Gesicht nahezu seines berührt und beginnt, seinen Bart zu kraulen.

„Sind Sie der Eigentümer?", fragt sie in einem leisen, lasziven Tonfall.

Der Barkeeper verneint.

Daraufhin fährt die Frau ihm mit beiden Händen zärtlich durch das Haar, beginnt, sein Gesicht zu streicheln, und fragt erneut: *„Können Sie ihn bitte herholen?"*

„Leider nein", stottert der Barkeeper erregt, *„er ist außer Haus. Kann ich etwas für Sie tun?"*

Die Blondine berührt mit ihrem Zeigefinger seine Lippen und schiebt ihm den Finger schließlich in den Mund: *„Sie könnten ihm ausrichten, dass auf der Damentoilette kein Klopapier ist."*

Statistisch betrachtet

Die Kabine, die sich dem Toiletteneingang am nächsten befindet, wird am wenigsten benutzt und ist daher die sauberste.

Streit ums Bidet

Die ersten Bidets wurden im Frankreich des frühen 17. Jahrhunderts entwickelt und zuerst in Paris eingeführt. (Der Begriff selbst stammt aus dem Altfranzösischen und bedeutet „kleines Pferd", was vermutlich daher rührt, dass die ersten Bidets sehr hoch waren und der Nutzer wie auf ein Pferd aufsteigen musste.)

Im viktorianischen England, wo die Worte „französisch" und „parisisch" eine anzügliche Note beinhalteten, war das Bidet in der feinen Gesellschaft ebenso verpönt wie der Begriff an sich.

Als das New Yorker Ritz Carlton im frühen 19. Jahrhundert Bidets in seinen Hotelzimmern installierte, gingen die selbst ernannten Wächter der öffentlichen Moral auf die Barrikaden und erzwangen schließlich den Ausbau der „sündigen" Sanitäranlagen.

Man ist nie zu jung zum Lernen

Für eine möglichst gute Erziehung ihrer Kinder kauften die Angehörigen der englischen Oberschicht im 17. Und 18. Jahrhundert billige Gedichtbände und Verssammlungen zur Benutzung als Klopapier. Sie hofften, dass ihre Kinder einige Strophen auswendig lernen würden, ehe sie das Papier der geplanten Verwendung zuführten.

Prinz oder Klempner?

Im Jahr 1871 besuchte der Prinz von Wales, der spätere König Eduard VII., den Landsitz Londesborough Lodge in der Nähe von Scarborough. Kurz nach seiner Rückkehr erkrankten er und sein Gefolge an Thyphus, von dem er sich aber wieder erholte, während zwei seiner Gefolgsleute starben.

Grund für die Erkrankung waren die schlechten hygienischen Verhältnisse, was den Prinzen zu der Bemerkung veranlasste, dass er gern ein Klempner wäre, wenn er nicht Prinz wäre.

Die Götter der Sauberkeit

Die Römer der Antike verehrten drei Gottheiten, die über ihre Badezimmer wachten:

Cloacina: die Beschützerin des römischen Kanalsystems (Cloaca), dem sie auch ihren Namen verdankt

Crepitus: der Gott der Latrinen sowie der Blähungen

Stercutius: der Gott des Düngens (Stercutius war einer der Beinamen von Saturn, dem Gott des Ackerbaus. Er erhielt ihn, als er die Welt mit Dung bedeckte, um sie fruchtbar zu machen.)

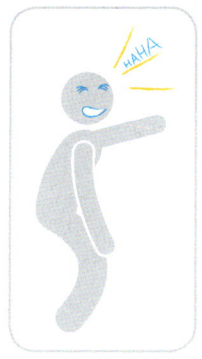

Toiletten-Humor

Die Eltern des kleinen Michael versuchen ihm beizubringen, die Toilette zu benutzen. Doch so sehr sich dieser auch bemüht, der Urin landet überall, nur nicht in der Toilettenschüssel. Frustriert über den mangelnden Erfolg und die tägliche Überflutung des Badezimmers beschließt die Mutter schließlich, einen Arzt aufzusuchen.

Nachdem er den Jungen untersucht hat, erklärt ihr der Doktor, dass der Penis ihres Sohnes so klein ist, dass dieser ihn nicht richtig greifen kann.

„Aus medizinischer Sicht kann man da leider nichts machen", führt er weiter aus. *„Allerdings gibt es ein altes Hausmittel, das helfen soll. Geben Sie ihm morgens zwei Scheiben ungebutterten Toast zu essen. Das lässt den Penis angeblich wachsen."*

Als Michael am nächsten Morgen in die Küche kommt, stehen ein Dutzend Toastscheiben auf dem Esstisch.

„Mami", fragt der Junge verwirrt, *„soll ich nicht nur zwei Scheiben essen?"*

„Das stimmt, mein Junge", entgegnet die Mutter. *„Die restlichen zehn sind für Papa."*

> Wer ihn hat zuerst *gerochen*,
> dem ist er aus dem Arsch *gekrochen*.

Deutsches Sprichwort

Der Pipi-Fluch

Stellt das Urinieren ins Taufbecken etwa ein schlechtes Omen dar? Zumindest war der Erzbischof von Canterbury dieser Meinung, als besagtes Ereignis bei der Taufe des zukünftigen Königs von England König Æthelred im Jahr 968 eintrat.

Er prophezeite daraufhin ein furchtbares Massaker und leider sollte er damit Recht behalten: Als Vergeltungsmaßnahme für Überfälle der Wikinger befahl Æthelred die Hinrichtung aller in England lebenden Dänen, egal ob Mann, Frau oder Kind.

Küssen verboten

Laut einem Radiobericht sah sich eine Mittelschule im englischen Birmingham einem ganz speziellen Problem gegenüber:

Eine Reihe von Mädchen begann, Make-up zu verwenden, und legte kurz vor Schulende auf der Toilette Lippenstift auf. Das eigentliche Problem war aber, dass die Mädchen Dutzende von Kussabdrücken auf dem Spiegel hinterließen, die nur schwer wieder zu entfernen waren.

Schließlich sah sich die Direktorin zum Handeln gezwungen. Zusammen mit dem Hausmeister bestellte sie sämtliche Mädchen in die Toilette ein. Sie erklärte den Mädchen, dass die Kussabdrücke ein Problem darstellten, da die Entfernung schwierig und zeitaufwendig sei.

Dann bat sie den Hausmeister um eine Demonstration, woraufhin dieser Gummihandschuhe überstreifte, einen Putzlappen in eine der Toilettenschüsseln eintauchte und begann, den Spiegel zu säubern.

Seitdem gab es nie wieder Kussabdrücke auf den Spiegeln der Schule ...

Wissenswertes über Fürze

- Bei Blähungen kommt es zu einer gesteigerten Bildung eines Gasgemisches aus Dioxid, Wasserstoff, Schwefelwasserstoff, Methan, Stickstoff und Sauerstoff.

- Das Furzgeräusch hängt von zwei Faktoren ab: der Anspannung des Schließmuskels und der Geschwindigkeit, mit der das Gas ausgestoßen wird.

- Fürze erreichen eine (gemessene) Geschwindigkeit von bis zu drei Metern pro Sekunde.

- Der Mensch produziert täglich rund einen halben Kubikliter Gas, das in Form von durchschnittlich 14 Fürzen abgegeben wird.

- Erfahrene Furzanzünder empfehlen das Tragen von (möglichst feuchten) Jeans, um die Haut vor Verbrennungen zu schützen. Jeansstoff verfügt mit 210 °C zudem über einen hohen Brennpunkt. Moderne Synthetikfasern wie Nylon und Polyester sind dagegen leicht entflammbar und verschmelzen mit der Haut. Das Anzünden von Fürzen ohne „Schutzkleidung" ist nicht empfehlenswert und kann schwere Verbrennungen an Anus sowie Hoden zur Folge haben.

- Zu den blähenden Lebensmitteln gehören Bohnen, Linsen, Milchprodukte, Zwiebeln, Knoblauch, Lauch, Rüben, Rettich, Kartoffeln, Hafer, Weizen, Topinambur und Cashewnüsse.

- Weniger als 1 Prozent der Inhaltsstoffe eines Furzes sind für den Geruch verantwortlich. Allerdings riechen sie so stechend, dass man sie trotz der geringen Konzentration wahrnimmt.

- Grund für den mitunter sehr strengen Geruch von Fürzen ist der enthaltene Schwefelwasserstoff. Je schwefelhaltiger die Nahrung ist, desto mehr Schwefelwasserstoff wird im Darm gebildet und desto intensiver der Geruch. Nahrungsmittel wie Blumenkohl, Eier und Fleisch produzieren die am übelriechendsten Fürze.

- Die schlimmsten Furzer unter den Tieren sind Termiten, Kamele, Zebras, Schafe und Kühe (in dieser Reihenfolge).

- Joghurts mit lebenden Milchsäurebakterien können Blähungen reduzieren.

- Bohnen enthalten bestimmte Zuckermoleküle, die vom Dünndarm nicht verdaut und erst von den Bakterien im Dickdarm abgebaut werden können. Dabei entstehen Faul- und Gärgase, darunter Schwefelwasserstoff.

- Stark Furzgeplagten kann eine geruchsneutralisierende Unterhose mit auswechselbarem Aktivkohlefilter oder eine entsprechende Slipeinlage etwas Linderung verschaffen – zumindest in Bezug auf das häufig mit Blähungen einhergehende Geruchsproblem.

- Das Unterdrücken von Blähungen kann Verstopfung und Hämorrhoiden zur Folge haben.

- Übermäßige Blähungen können auf ein Reizdarmsyndrom hinweisen.

- Ein frühes Beispiel für Fürze findet sich in Chaucers Canterbury Tales. In der Erzählung des Müllers furzt einer der Charaktere, Nicholas, seinem Gegner ins Gesicht.

- Vegetarier furzen häufiger als Nicht-Vegetarier.

- Da die Mitglieder einer Familie meist von den gleichen Darmparasiten befallen sind und das Gleiche essen, liegen Blähungen „in der Familie".

- Der Theologe und Kirchenreformer Martin Luther litt unter starker Verstopfung und rühmte sich einst, er könne alles Übel mit einem Furz davonjagen.

- Eines der wenig bekannten Experimente des Erfinders Thomas Edison bestand darin, seinem Gehilfen große Mengen Abführmittel einzuflößen, um zu sehen, ob die daraus resultierenden Blähungen diesen durch die Luft befördern können – was nicht der Fall war.

- Aufgrund der nachlassenden Elastizität des Darms nehmen mit dem Alter auch die Blähungen zu.

- Untersuchen haben gezeigt, dass Frauen genauso oft furzen wie Männer (sie tun dies nur diskreter).

Alles Gute kommt von oben

Dieses Sprichwort galt ganz sicher nicht für Fußgänger in den Städten des Mittelalters. Denn zu dieser Zeit war es üblich, den Inhalt des Nachttopfes einfach durch das Fenster auf die Straße zu kippen.

Einige Pariser Bürger entsorgten bei dieser Gelegenheit auch gleich den Nachttopf, was zu schweren Verletzungen bei zufällig getroffenen Passanten geführt hat. Zwar wurde diese Praxis 1395 verboten, doch kaum jemand hielt sich daran.

Toiletten-Spionage

Einen seiner größten Erfolge feierte der amerikanische Geheimdienst CIA während des Besuchs von Nikita Chruschtschow in den USA, als es ihm gelang, dessen Kot zu stehlen.

Die Analyse des Kots ergab, das sich Chruschtschow für einen Mann seines Alters und seiner Fülle bester Gesundheit erfreute.

> „Männer, die ständig den WC-Sitz
> hochgeklappt lassen, hoffen insgeheim,
> dass ihre Frauen bei einem nächtlichen
> Toilettenbesuch in selbige fallen."
>
> *Rita Rudner*
> amerikanische Komikerin und
> Schauspielerin (geb. 1953)

Der Wasserverschwendung Einhalt gebieten

Während ältere Toiletten für einen Spülvorgang bis zu 14 Liter Wasser benötigen, sind es bei neueren Modellen nur 4 bis 6 Liter.

Bereits seit den 1990er-Jahren fördert die amerikanische Stadt San Antonio den Einbau neuer, wassersparender Toiletten. Die alten WCs werden in kleine Stücke zerstoßen, die zur Anlage von Naturpfaden dienen. Praktischer Nebeneffekt: Die Keramikteile reflektieren das Licht und leuchten im Dunkeln.

Spiel & Spaß: Toiletten-Sudoku

	1			5				9
8						1		7
					6	3		
					5	7		8
2			1	9	8			5
5		3	7					
		4	5					
1		8						2
3				2			1	

Die Auflösungen finden Sie auf Seite 178.

Am Hofe des Sonnenkönigs

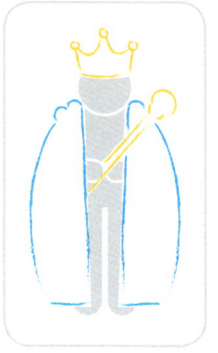

- Der Nachttopf von König Ludwig XIV. war aus purem Gold und mit seinem Wappen verziert.

- Der König hatte überhaupt keine Hemmungen, während der Erledigung seines Stuhlgangs Besucher zu empfangen oder Staatsangelegenheiten zu regeln. Ein Höfling bemerkte einst, er sitze auf der Toilette, „als wäre es ein Thron".

- Eine Obduktion ergab, dass der Monarch einen deutlich vergrößerten Magen hatte und sein Darm doppelt so lang wie normal war – was eine Erklärung für die langen Sitzungen des Königs sein könnte.

- Während eines königlichen Banketts am Hofe Ludwigs XIV. war es üblich – nachdem die Damen sich zurückgezogen hatten –, Nachttöpfe zu reichen, damit sich die Herren auch während der Verrichtung ihrer Notdurft miteinander unterhalten konnten.

- Der König war sehr auf seine Gesundheit bedacht und reinigte regelmäßig seinen Darm. Allein in seinem letzten Lebensjahr hatte er mehr als 400 Einläufe. Und für den Fall, dass er einmal dringend auf die Toilette musste, bot Schloss Versailles gleich 264 davon.

💩 Es wird erzählt, dass der Herrscher seiner Bewunde-rung für seine Schwägerin, der Herzogin von Orléans, durch lautes Furzen in deren Anwesenheit Ausdruck verlieh.

Toiletten-Humor 33

Eine Frau lässt ihre Kleidung von einer nahe gelegenen Reinigung mit Hol- und Bringservice reinigen. In der letzten Lieferung befanden sich einige Unter-hosen, die auch nach der Reinigung noch Flecken aufwiesen. Deshalb legt sie dem nächsten Packet Schmutz-wäsche einen Nachricht bei:
„Verwenden Sie mehr Waschmittel!"

Als die Wäsche zurückkommt, liegt ihr ebenfalls eine Nachricht bei:
„Verwenden Sie mehr Klopapier!"

Statistisch betrachtet
54 Prozent der Amerikaner falten ihr Toilet-tenpapier, während 35 Prozent es knüllen.

Seien Sie unser Gast

Um den Gästen zu zeigen, dass ihr Zimmer gereinigt wurde und danach niemand mehr die Toilette benutzt hat, wird das erste Blatt der Klopapierrolle in Hotels zu einem Dreieck gefaltet.

Es ist aber auch ein Zeichen dafür, dass ein komplett Fremder das Toilettenpapier vor ihnen angefasst hat.

Was Sie immer schon über Kot wissen wollten

Haben Sie jemals fragend Ihren Kot angestarrt? Ich schon. Deshalb hier einige Antworten auf die brennendsten Fragen:

Warum ist Kot braun?
Das im Hämoglobin enthaltene Eisen verleiht den roten Blutkörperchen ihre Farbe, während das Eisen im Bilirubin, einem Abbauprodukt von Hämoglobin, zu einer bräunlichen Färbung führt. Ein Gutteil davon sammelt sich im Darm, wo es von Bakterien umgewandelt wird.

Woraus besteht Kot?

Der menschliche Kot besteht zu drei Vierteln aus Wasser. Der Rest besteht zu einem Drittel aus toten Bakterien. Bei einem weiteren Drittel handelt es sich um unverdauliche Stoffe (Ballaststoffe). Das letzte Drittel schließlich ist eine Mischung aus Darmschleim, abgestorbenen Zellen, Fett, Phosphaten, Bakterien und Eiweiß.

Warum sieht Mais nach der Verdauung immer noch wie Mais aus?

Das, was Sie da in der Toilettenschüssel sehen, ist nicht das ursprüngliche Maiskorn, es ist nur noch die äußere Hülle. Sie besteht aus Zellulose, ist unverdaulich und wird unverändert ausgeschieden.

Warum schwimmt mancher Kot und anderer nicht?

Das liegt am Gasgehalt. Manchmal verteilt sich das von den Darmbakterien produzierte Gas im Kot und macht ihn zu einem „Schwimmer".

Warum „Kot"?

Der Begriff „Kot" leitet sich von dem altenglischen cwēad („Schmutz", „Dreck") ab. In diesem Sinne fand er auch lange Zeit Anwendung, ehe sich die Bedeutung wandelte.

„Wo ist die Toilette?"

Wenn Sie im Ausland einmal dringend aufs Klo müssen, helfen Ihnen die folgenden Übersetzungen:

Afrikaans	Wär is die toilet?
Albanisch	Ku është banjoja?
Arabisch	Ayn al-ḥammām? *(moderner Standard)*
Armenisch	Vortegh e zugarane? *(ostarmenischer Dialekt)*
Bulgarisch	Kade e toaletnata?
Chinesisch	Cèsuǒ zài nǎli? *oder* Xǐshǒujiān zài nǎli? *(Mandarin)*
Dänisch	Hvor er toilettet?
Estnisch	Kus on tualett?
Flämisch	Waor is 't gemak?
Fidschianisch	E vei na vale-lailai?
Finnisch	Missä on vessa?
Französisch	Où sont les toilettes?
Griechisch	Pu íne i tualéta?
Hawaiianisch	Aia i hea ka lua?
Hebräisch	Eifo ha'sheirutim?
Hindi	Tāyalet kahan hai?
Indonesisch	Di manakah kamar kecil?
Isländisch	Hvar er klósettið?
Italienisch	Dov'è la toilette? *oder* Dov'è il bagno?
Japanisch	Benjo wa doko desu ka
Koreanisch	Hwajangsiri eodiyeyo
Kroatisch	Gdje je zahod?
Lettisch	Kur ir tualete?
Litauisch	Kur yra tualetas?

Luxemburgisch	Wou ass d'Toilette?
Maltesisch	Fejn it-tojlit?
Māori	Kei hea te wharepaku?
Mongolisch	Biye zasakh gazar khaana baidag ve?
Nepalesisch	Sauchalaya kata chha
Niederländisch	Wār is de WC? *oder* Wār is het toilet?
Norwegisch	Hvor er toalettet? *(Bokmål)*,
	Kvar er toalettet? *(Nynorsk)*
Polnisch	Gdzie jest toaleta?
Portugiesisch	Onde é a casa de banho/o banheiro?
Rumänisch	Unde este toaleta?
Russisch	Gde tualet?
Serbisch	Gde je toalet?
Slowenisch	Kje imate stranišče?
Spanisch	¿Dónde están los aseos? oder ¿Dónde están los sanitarios?
Suaheli	Choo kiko wapi?
Schwedisch	Var är toaletten?
Thai	Hôrng náhm yòo têe nǎi?
Tschechisch	Kde je prosím záchod?
Türkisch	Tuvalet nerede?
Ukrainisch	De tualet?
Ungarisch	Hol van a mosdó?
Urdu	Bayt-ul-khala khana kahan hay?
Vietnamesisch	Cầu tiêu ở· đâu?
Walisisch	Ble mae'r toiled
Zulu	Likuphi ikamelo lokugezela?

„Wenn Sie heute an eine **Tankstelle** kommen, kann es Ihnen passieren, dass die Kassenschublade offen und die Toilette verschlossen ist. Fast könnte man meinen, **Klopapier** wäre wertvoller als Geld."

Joey Bishop
amerikanischer Sänger, Schauspieler und Moderator (1918–2007)

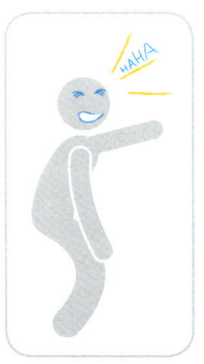

Toiletten-Humor 34

Was bringt einen Mann dazu, den Toilettensitz herunterzuklappen?

Eine Geschlechtsumwandlung.

Links oder rechts?

In vielen Kulturen des Nahen Ostens sowie in Indien wird ausschließlich die linke Hand für die Analhygiene benutzt, weshalb diese als unrein betrachtet wird.

Entsprechend ist es tabu, mit der Linken Nahrung anzubieten, entgegenzunehmen oder zu essen.

Denken Sie also daran, wenn Sie in diesen Ländern unterwegs sind: Für alle Körperfunktionen unterhalb der Gürtellinie ist die linke Hand zuständig, für alle darüber die rechte.

i

Hätten Sie's gewusst?

Keuschheitsgürtel besaßen zur Entsorgung der Fäkalien kleine Löcher. Trotzdem war es nahezu unmöglich, dieses Instrument sauber zu halten, weshalb zahlreiche Frauen – die den Gestank und die durch Entzündungen verursachten Schmerzen nicht ertrugen – Selbstmord begingen.

Toiletten-Humor

Was haben die Klitoris und Toiletten gemeinsam?

Männer finden beide für gewöhnlich nicht.

Den Weg finden

Um Geruchsbelästigungen und Verunreinigungen zu vermeiden, wurden Außentoiletten in einiger Entfernung zum Wohnhaus aufgestellt. Und in Zeiten, in denen es noch keinen Strom gab, mussten die Bewohner ihren Weg dorthin im Dunkeln finden.

Um dieses Problem zu lösen, wurde üblicherweise eine Schnur zwischen Klohäuschen und Hauptgebäude als Orientierungshilfe gespannt. Diese konnte dann auch gleich als Wäscheleine genutzt werden.

 Das ist ekelig!
Reiche Römerinnen verwendeten aus Afrika importierten Hyänenkot, um sich das Gesicht zu pudern.

Ein tragischer Tod

Da ihr Liebhaber, von dem sie schwanger war, seine Frau nicht für sie verlassen und sie heiraten wollte, beging die mexikanische Hollywood-Schauspielerin Lupe Vélez am 13. Dezember 1944 in Beverly Hills Selbstmord.

Allerdings, so heißt es, hätten die Barbiturate, die sie eingenommen hatte, bei ihr heftige Übelkeit ausgelöst. Während sie sich über die Toilette gebeugt erbrach, wurde sie ohnmächtig und ertrank in der WC-Schüssel.

Statistisch betrachtet

Auf der Türklinke in einer öffentlichen Toilette können sich mehr als 6000 Keime pro Quadratzentimeter befinden.

LavNav

Dieses batteriebetriebene Nachtlicht für die Toilette weist Ihnen dank eingebautem Bewegungsmelder sanft den Weg zur Toilette, ohne dass Sie die grelle Badezimmerbeleuchtung einschalten müssen. Zudem hilft es, nächtliche Unfälle zu vermeiden: Ein grünes und ein rotes Licht zeigen an, ob der WC-Sitz herunter- oder hochgeklappt ist.

Toiletten-Humor 36

Ein Mann besteigt den Bus und setzt sich neben eine ältere Dame. Nach ein paar Minuten muss er lang und geräuschvoll furzen.

Verlegen versucht er daraufhin, seine Sitznachbarin in ein Gespräch zu verwickeln:
„Haben Sie zufällig die Zeitung von heute?"

Die ältere Dame blickt finster drein und erwidert:
„Nein, aber wenn wir das nächste Mal an einem Baum vorbeikommen, versuche ich, ein paar Blätter zu erhaschen."

Not macht erfinderisch

Der amerikanische Erfinder Thomas Probasco ließ 1988 ein Gerät patentieren, das automatisch den Toilettensitz herunterklappt, wenn die Spülung betätigt wird. In der Patentschrift heißt es dazu:

„Erwachsene, insbesondere Frauen, beschweren sich seit Jahren darüber, dass zahlreiche männliche Toilettenbesucher den WC-Sitz nach Benutzung der Toilette in einer aufrechten Position zurücklassen. Aus diesem Grund kommt es immer wieder vor, dass Frauen sich auf den Schüsselrand oder in das Becken setzen."

Zwei Jahre zuvor hatte ein Kollege von Probasco, Burton Axelrod, den Shit Zapper zum Patent angemeldet: eine Vorrichtung, die den Kot mithilfe von Mikrowellen zu Asche werden lässt, die ohne die Zugabe von Wasser entsorgt werden kann.

Statistisch betrachtet

Laut der chinesischen Nachrichtenagentur Xinhua trinken mehr als 3 Millionen Chinesen regelmäßig ihren Urin, im Glauben, dass das ihr Immunsystem stärke.

Urin – einige merkwürdige Angewohnheiten

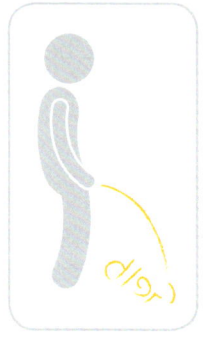

⬬ Beim Volk der Tschuktschen, die hauptsächlich im äußersten Nordosten Russlands beheimatet sind, war es Sitte, den männlichen Besuchern die Frauen als Sexpartnerinnen anzubieten – allerdings nur, wenn die Männer im Vorfeld deren Urin getrunken hatten als Zeichen dafür, dass sie dieser Ehre würdig sind.

⬬ Die Frauen des antiken Roms und Griechenlands tranken Terpentin, damit ihr Urin nach Rosen roch. Allerdings kann diese Praxis kaum weiterempfohlen werden, da Terpentin bestenfalls starke Bauchschmerzen hervorruft, im schlechtesten Fall aber zu Erblindung und Nierenversagen führt.

⬬ Die Kurtisanen im Venedig des 16. Jahrhunderts weichten ihre Haare in Urin ein und ließen diese dann an der Luft trocknen, was eine rotgoldene Färbung bewirken sollte.

⬬ John G. Bourke, Hauptmann der dritten Kavallerie, berichtete im Jahr 1881, dass Angehörige der mexikanischen Zuñi an rituellen Urin-Tänzen teilnehmen. Dabei trinken die Tänzer aus einem mit mehreren Litern menschlichen Urins gefüllten Gefäß – ein ekelhafter Brauch, wie Bourke befand.

🧻 Im 18. Jahrhundert war es ganz sicher kein Spaß, in einer der abergläubischen Familien Schottlands aufzuwachsen. An Neujahr besprenkelte die Hausherrin die restlichen Familienmitglieder mit ihrem Urin, während diese schliefen. Angeblich sollte dieser Brauch sie beschützen.

🧻 Einem Ammenmärchen zufolge gewinnt man die Liebe eines Mannes, wenn man seine Socken mit dem eigenen Urin tränkt.

🧻 Die in Südafrika lebenden Hottentotten zelebrierten einen ganz speziellen Hochzeitssegen: Die Männer des Dorfes setzten sich in einem Kreis um das Brautpaar, um den herum die Frauen einen weiteren bildeten. Dann ging der Priester zum Bräutigam und urinierte zunächst auf ihn, im Anschluss daran auf die Braut. Dabei sprach er folgende Worte: „Möget ihr lang und glücklich zusammenleben, möge euch vor Ablauf des Jahres ein Sohn geboren werden und möge euch dieser Sohn im Alter ein Trost sein." Der Segen endete, wenn die Blase des Priesters leer war.

„Machen Sie Ihren Po
zur Kusszone."

Werbeslogan der Firma Hakle
aus dem Jahr 1994

Wissenswertes rund ums Toilettenpapier

- Wir verbrauchen bei jedem Toilettengang durchschnittlich 8,6 Blatt Toilettenpapier.

- 60 Prozent der Toilettenbenutzer betrachten das Papier, nachdem Sie sich den Po damit abgewischt haben.

- Der jährliche Durchschnittsverbrauch an Toilettenpapier beträgt 100 Rollen pro Person.

- Zwischen 70 und 75 Prozent der Weltbevölkerung verwenden kein Toilettenpapier.

- 7 Prozent der Amerikaner stehlen Toilettenpapier aus Hotels beziehungsweise Motels.

- Die Menge an Toilettenpapier, die ein Mensch im Laufe seines Lebens verbraucht, entspricht 384 Bäumen.

- Das erste farbige Toilettenpapier (1957 eingeführt) war rosa.

- Ein Drittel aller Amerikaner betätigen die Spülung, während sie noch auf der Toilette sitzen.

- Das kunstvolle Falten von Toilettenpapier wird in Anlehnung an die japanische Kunst des Papierfaltens auch Toilegami genannt.

- Weltweit stellen mehr als 5000 Unternehmen Toilettenpapier her.

- Um den weltweiten Bedarf an Toilettenpapier zu decken, müssen jede Sekunde 2,7 Rollen Toilettenpapier produziert werden.

- Im Jahr 1996 wurde unter der Präsidentschaft von Bill Clinton ein Gesetz verabschiedet, das jede Rolle Toilettenpapier mit 6 US-Cent besteuert. Der Preis pro Rolle stieg daraufhin auf 30 US-Cent.

- Selbst als das Toilettenpapier Mitte des 18. Jahrhunderts zunehmend Verbreitung fand, galt es als Tabu. Kunden, vor allem Frauen, verlangten nur im Flüsterton danach und meist wurde das Gewünschte außer Sichtweite unter der Ladentheke aufbewahrt.

- Bis Ende des 18. Jahrhunderts weigerten sich amerikanische Zeitungen und Magazine, Werbeanzeigen für Toilettenpapier zu drucken, da sie diese als anstößig und geschmacklos erachteten. Die erste Anzeige erschien schließlich 1890 im Atlantic Monthly. Bis zu diesem Zeitpunkt wurde Toilettenpapier ausschließlich mit Flugblättern beworben, auf denen stand, wo das jeweilige Produkt erhältlich war.

- Toilettenpapier ist auch ein Wirtschaftsindikator. Wird vermehrt zwei- und dreilagiges Toilettenpapier nachgefragt, lässt dies Rückschlüsse auf die Kaufkraft der Verbraucher und den Zustand der nationalen Wirtschaft als Ganzes zu.

Auflösungen

Seite 8–9 *Wahr oder falsch?*:

1	Wahr	5	Falsch	9	Falsch	13	Wahr
2	Falsch	6	Wahr	10	Wahr	14	Falsch
3	Falsch	7	Falsch	11	Falsch	15	Wahr
4	Wahr	8	Wahr	12	Wahr	16	Falsch

Seite 12 *Spiel & Spaß: Toiletten-Sudoku*:

3	2	5	7	6	9	1	4	8
4	9	7	8	1	2	6	5	3
1	8	6	5	3	4	9	7	2
6	1	9	4	2	8	5	3	7
5	3	2	1	7	6	4	8	9
7	4	8	9	5	3	2	6	1
9	5	3	6	8	1	7	2	4
2	7	4	3	9	5	8	1	6
8	6	1	2	4	7	3	9	5

Seite 79 *Spiel & Spaß: Toiletten-Sudoku*:

1	5	2	3	4	6	7	8	9
4	7	3	8	2	9	5	6	1
9	6	8	5	1	7	4	2	3
3	4	1	6	8	5	2	9	7
5	2	7	9	3	1	8	4	6
6	8	9	2	7	4	1	3	5
8	3	6	1	5	2	9	7	4
2	1	4	7	9	3	6	5	8
7	9	5	4	6	8	3	1	2

Seite 115 *Spiel & Spaß: Toiletten-Irrgarten*:

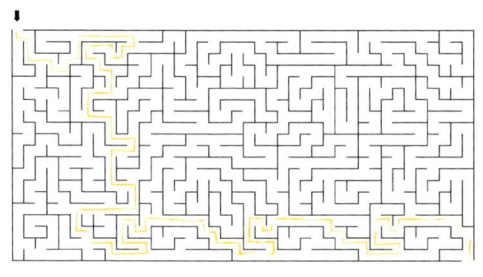
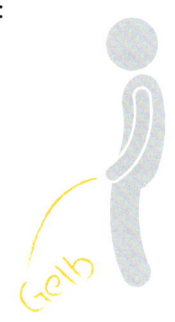

1	5	2	7	4	3	6	8	9
4	3	7	9	8	6	5	1	2
9	6	8	1	2	5	4	3	7
2	1	9	3	8	4	8	5	6
7	4	3	5	6	8	9	2	1
6	8	5	3	1	1	3	7	4
8	2	1	4	5	9	7	6	3
5	7	4	6	3	2	1	9	8
3	9	6	8	1	7	2	4	5

4	1	2	3	5	7	6	8	9
8	3	6	9	4	2	1	5	7
7	5	9	8	1	6	3	2	4
9	4	1	2	3	5	7	6	8
2	6	7	1	9	8	4	3	5
5	8	3	7	6	4	2	9	1
6	2	4	5	8	1	9	7	3
1	9	8	6	7	3	5	4	2
3	7	5	4	2	9	8	1	6

Seite 126 *Spiel & Spaß: Anagramm*: Klobrille; Klobürste

Quellen

Aman, Reinhold: *Talking Dirty*. Robson Books, 1993

Beadle, Jeremy: *Today's The Day*. W. H. Allen, 1979

Booker, James: *The Vile File*. Headline, 1994

Bourke, John Gregory: *Der Unrat in Sitte, Brauch, Glauben und Gewohnheitsrecht der Völker*. Eichborn, 1998

Crombie, David: *Pfeifen unter Wasser streng verboten*. Eichborn 2001

Davies, A. H.: *Thunder, Flash & Thomas Crappa*. Michael O'Mara, 1997

Eveleigh, David: *Bogs, Bath and Basins*. Sutton Publishing 2002

Frauenfelder, Mark: *The World's Worst*. Chronicle Books 2005

Garbage, Greta: *Greta Garbage's Outrageous Bathroom Book*. Ten Speed Press, 2001

Garbage, Greta: *That's Disgusting!* Ten Speed Press, 1999

Hobbs, J./Couzens, T.: *Pees and Queues*. Spearhead Press, 1999

Horan, Julie: *Sitting Pretty*. Robson Boos, 1998

John, A./Blake, S.: *The World's Stupidest Deaths*. Michael O'Mara, 2005

Lambton, Lucinda: *Temples of Convenience*. Tempus, 2007

McGiffin, Carol/Leigh, Mark: *Celebrities Behaving Badly*. Summersdale, 2009

Owen, Kelly: *Laugh On The Loo*. Marks and Spencer, 2009

Paschall, J./Lyon, R.: *Odd Laws*. Harper Collins, 1996

Raum, Elizabeth: *The Story Behind Toilets*. Raintree, 2009

Robinson, Tony: *The Worst Jobs in History*. Pan Books, 2005

Shaw, Karl: *Gross*. Virgin Books, 1193

Shaw, Karl: *Mammoth Book of Tasteless Lists*. Robinson Books, 1998

Spingessi, Stephen: *The Odd Index*. Plume Books 1994

Sussman, Paul: *Death by Spaghetti*. Fourth Estate, 1996

Williams, Alan/Noach, Maggie: *The Dictionary of Disgusting Facts*. Futura, 1986

Wright, Lawrence: *Clean & Decent*. Routledge & Kegan Paul, 1980

Erstveröffentlichung unter dem Titel:
,,The loo companion''
© Michael O'Mara Books Ltd 2011

Genehmigte Lizenzausgabe
EDITION XXL GmbH
Industriestraße 19
64407 Fränkisch-Crumbach 2015
www.edition-xxl.de

Text: Mark Leigh
Übersetzung und Zusammenstellung:
Andreas Ehrlich
Layout und Umschlaggestaltung:
design cat GmbH

ISBN (13) 978-3-89736-937-5
ISBN (10)   3-89736-937-0

Danksagung
Ein großes Dankeschön an die folgenden
Helfer, die entweder mit Ideen zu diesem
Buch beigetragen haben, mir ihren Laptop
geliehen haben oder mir schlicht während
des Schreibprozesses aus dem Weg
gegangen sind. (Ihr wisst selbst, wer in
welche Kategorie gehört.)

Melanie Hammerton, Graham Hart,
Sara Howell, Darin Jewell, Neville Landau,
Debbie, Polly und Barney Leigh,
Philip Leigh, Anna Marx, John und
Lesley Wright

Bildnachweis:
Shutterstock: Leremy U1, U4, 1, 3, 7, 9, 10,
11, 12, 13, 14, 15, 16, 17, 18, 19, 20, 21, 22,
23, 24, 25, 26, 27, 28, 29, 30, 31, 32, 33, 34,
35, 38, 39, 40, 41, 42, 43, 44, 45, 46, 47,
48, 50, 51, 52, 53, 54, 55, 56, 57, 58, 61, 62,
64, 65, 66, 67, 68, 71, 72, 73, 74, 75, 76,
77, 78, 79, 80, 81, 82, 84, 85, 86, 87, 88,
89, 90, 91, 94, 95, 97, 98, 99, 100, 101,
102, 104, 105, 106, 107, 108, 109, 111, 112,
113, 114, 115, 116, 118, 119, 120, 121, 122, 123,
124, 125, 126, 127, 128, 130, 131, 132, 133,
134, 135, 136, 137, 139, 140, 141, 142, 143,
144, 145, 146, 147, 148, 150, 151, 155, 156,
158, 159, 160, 161, 164, 165, 166, 167, 168,
169, 170, 171, 172, 173, 174, 176; Toponium
U1–U4, 4–175